Convaincre
sans manipuler

Du même auteur

Une histoire de l'informatique, La Découverte, Paris, 1987 (nouv. éd. : Seuil, coll. « Points-Sciences », Paris, 1990).

L'Explosion de la communication. La naissance d'une nouvelle idéologie (en collab. avec Serge Proulx), La Découverte/Le Boréal, Paris/Montréal, 1989 (nouv. éd. : coll. « Poches/Sciences humaines et sociales », 1993 ; coll. « Grands Repères Manuels », 2006).

La Techno-science en question. Éléments pour une archéologie du XXe siècle (en collab. avec Alain-Marc Rieu et Franck Tinland), Champ Vallon, Seyssel, 1990.

La Tribu informatique. Enquête sur une passion moderne, Anne-Marie Métailié, Paris, 1990.

Pour comprendre l'informatique (en collab. avec Guislaine Dufourd et Éric Heilmann), Hachette Supérieur, Paris, 1992.

L'Utopie de la communication. Le mythe du « village planétaire », La Découverte, Paris, 1992 (nouv. éd. : coll. « Poches/Essais », 1997, 2004).

À l'image de l'homme. Du Golem aux créatures virtuelles, Seuil, coll. « Science ouverte », Paris, 1995.

L'Argumentation dans la communication, La Découverte, coll. « Repères », Paris, 1996 (nouv. éd. : 2001, 2006).

L'Appel de Strasbourg. Le réveil des démocrates (en codirection avec Bernard Reumaux), La Nuée Bleue, Strasbourg, 1997.

La Parole manipulée, La Découverte, Paris, 1997 (nouv. éd. : coll. « Poches/Essais », 2000, 2004).

Histoire des théories de l'argumentation (en collab. avec Gilles Gauthier), La Découverte, coll. « Repères », Paris, 2000.

Le Culte de l'Internet. Une menace pour le lien social ?, La Découverte, coll. « Sur le vif », Paris, 2000.

Éloge de la parole, La Découverte, Paris, 2003.

Crime pariétal, Le Passage, Paris, 2003.

Argumenter en situation difficile. Que faire face à un public hostile, aux propos racistes, au harcèlement, à la manipulation, à l'agression physique et à la violence sous toutes ses formes ?, La Découverte, Paris, 2004 (nouv. éd. : Pocket, Paris, 2006).

L'Incompétence démocratique. La crise de la parole aux sources du malaise (dans la) politique, La Découverte, Paris, 2006.

Philippe Breton

Convaincre sans manipuler

Apprendre à argumenter

La Découverte
9 *bis*, rue Abel-Hovelacque
75013 Paris

Si vous désirez être tenu régulièrement informé de nos parutions, il vous suffit de vous abonner gratuitement à notre lettre d'information bimensuelle par courriel, à partir de notre site

www.editionsladecouverte.fr

où vous retrouverez l'ensemble de notre catalogue.

ISBN 978-2-7071-5230-5

Introduction

Ce livre est un manuel pratique.

Son objectif est de présenter les principales techniques d'argumentation, afin qu'elles puissent être utilisées immédiatement par le lecteur. Il est construit autour de très nombreux exemples, pris dans la vie professionnelle, la vie quotidienne, la vie associative, la publicité, la vente, les débats judiciaires ou politiques.

Si le terme de « rhétorique » n'avait pas vu, hélas, son sens dévalorisé, ce livre se serait appelé *Manuel de rhétorique contemporaine*. Il s'inspire directement, en les actualisant, des techniques mises au point dans le monde grec et romain, à une époque où il fallait apprendre à devenir citoyen, car ce statut était une nouveauté. Cette exigence est toujours actuelle. Un homme ou une femme moderne est quelqu'un qui sait convaincre.

La rhétorique ancienne avait deux préoccupations, inséparables, celle de l'efficacité et celle de l'éthique. Convaincre implique le respect des autres et le respect de soi. Les techniques de la rhétorique se tenaient donc à distance des techniques de manipulation, qui sont hélas aujourd'hui très présentes dans notre environnement communicationnel.

Ce livre assume donc à la fois une exigence d'efficacité, dans la présentation des meilleures techniques qui permettent d'atteindre ce but, et un écart par rapport à la manipulation et à tous ses artifices. L'efficacité peut parfaitement aller de pair avec l'éthique et le respect. De plus, contrairement aux promesses entendues ici et là, la manipulation n'est guère efficace. Elle est même, le plus souvent, contre-productive.

L'ensemble des techniques proposées ont été « rodées » et éprouvées tout au long des nombreuses formations à l'argumentation que j'ai animées, tant auprès d'adultes que de jeunes, aussi bien dans le secteur public que dans l'entreprise privée, auprès d'enseignants, de magistrats, de cadres, mais aussi de syndicalistes ou encore de professionnels de la communication. Il existe aujourd'hui une forte demande de formations à la communication, à l'argumentation, qui se démarquent des techniques de manipulation, hélas encore majoritaires, notamment dans le secteur de l'entreprise.

Ce livre a ainsi été construit dans la même logique que ces stages d'argumentation auquels ont participé des centaines de personnes, de tous âges et de tous niveaux scolaires. J'ai donc repris dans le corps du texte les questions qui m'ont été le plus souvent posées, à la fois pour le rendre plus vivant et pour tenir compte de l'expérience que j'avais acquise au contact de ceux qui voulaient apprendre à argumenter.

Cet ouvrage pose d'abord les grands principes du convaincre, fait le tour de quelques techniques de manipulation pour montrer qu'elles ne sont guère efficaces, puis développe le « protocole de préparation de l'argumentation ». Celui-ci implique que l'on cherche à connaître l'auditoire, que l'on identifie des points d'appui, que l'on choisisse différents types d'arguments et enfin que l'on conçoive un plan pour argumenter. Il se termine par un chapitre donnant quelques conseils concernant la prise de parole, l'élocution, la mémorisation. Le souci majeur est ici pragmatique.

L'esprit dans lequel j'ai rédigé ce manuel, après avoir écrit plusieurs autres livres sur le sujet, notamment sur l'« argumentation en situation difficile » ou sur la « parole manipulée », s'inscrit donc dans la droite ligne de la tradition humaniste et démocratique qui concilie ouverture aux autres et respect des personnes, lien social et affirmation de soi, efficacité dans l'art de convaincre.

1 Qu'est-ce que convaincre ?

Pourquoi cherche-t-on, en général, à convaincre quelqu'un ? Parce qu'il n'a pas le même point de vue. Vouloir convaincre quelqu'un qui est d'accord avec vous est une incongruité, sinon une maladresse relationnelle.

La différence d'opinion, si caractéristique des sociétés modernes, est le véritable moteur de l'acte qui consiste à argumenter pour convaincre. Si nous étions dans une société où tout le monde pense la même chose, ce livre n'aurait pas de raison d'être. Les différences d'opinion peuvent porter sur des sujets simples et quotidiens ou sur des enjeux plus graves. Elles supposent aussi que nous pouvons changer d'opinion, ou essayer d'en faire changer les autres.

Convaincre quelqu'un suppose que nous cherchions à obtenir un *changement* chez lui. Argumenter implique de se placer dans une posture qui vise à obtenir de son auditoire*[1] qu'il modifie, un peu, ou parfois beaucoup, ses convictions.

Ainsi, si je propose à un ami de faire un autre choix électoral que celui qu'il fait d'habitude, je me place dans la position de lui soumettre un changement. Celui-ci pourra être mineur dans le cas où, par exemple, le candidat vers lequel je l'oriente se situe grosso modo dans la même mouvance politique, ou majeur dans le cas où il s'agit de voter à gauche s'il votait à droite et vice versa.

Provoquer un changement

Il n'est pas facile de convaincre quelqu'un. C'est pourquoi l'on se satisfait souvent d'argumenter, en oubliant que l'objectif de l'argumentation est plus ambitieux. Il est d'*argumenter pour convaincre*. On croit que parce que l'on a argumenté, on a fait le travail, mais le problème, encore une fois, est bien d'obtenir un résultat. Or celui-ci est, en quelque sorte, mesurable. Si la personne que l'on cherche à convaincre répond : « Ah oui, c'est vrai, je n'avais pas vu les choses sous cet angle-là, je crois que je vais me ranger à ton point de vue », alors on a réussi.

Mais, si l'on n'y parvient pas, c'est une forme d'échec. C'est pourquoi on hésite à regarder de trop près le résultat de son argumentation. Convaincre comporte un risque, celui de ne pas y arriver. Mais, après tout, on ne fait que *proposer* à un auditoire de changer de point de vue. Que l'on n'y arrive pas toujours est sain, car trop d'efficacité en la matière serait suspecte.

Mais il n'en faut pas moins rester ferme et s'« accrocher », sans bien sûr s'incruster.

---

1 Tous les mots suivis d'un astérisque sont définis dans le lexique à la fin de l'ouvrage.

Convaincre implique donc la recherche d'une certaine efficacité, sans pour autant, comme nous le verrons, utiliser des moyens inacceptables. Celle-ci est mesurable à la façon dont l'auditoire réagit et accueille le changement qui lui est proposé.

Un problème se pose de façon récurrente dans beaucoup de couples : comment répartit-on les tâches domestiques comme la cuisine, la vaisselle, le ménage, l'entretien ? Ce sujet est la source de nombreux conflits, soit que l'homme se fixe sur un modèle patriarcal et ne fasse rien, soit (version plus moderne mais elle aussi insatisfaisante dans beaucoup de cas) qu'il s'occupe des tâches « nobles » comme l'entretien et laisse le reste à sa compagne. Mais cette dernière, lorsqu'elle tient au principe d'égalité, souhaite souvent un vrai partage des tâches. Beaucoup d'épouses se trouvent ainsi en position de devoir convaincre leur mari de faire leur part du travail.

Dans ce cas, l'identification de ce qu'est concrètement le changement est clair.

~ *Donc convaincre est difficile ?*

Oui, au moins à deux niveaux.

Au premier niveau, c'est difficile pour ceux à qui l'on s'adresse, car chacun, comme il est normal, est attaché à ses opinions. Elles nous constituent et structurent notre identité. Changer sur un point risque de bouleverser bien des équilibres et de provoquer mentalement un effet « dominos ». Le compagnon voudrait bien partager les tâches, il est assez d'accord, *théoriquement,* avec cette idée, mais cela implique que, *pratiquement,* il perde un peu de son initiative. La représentation qu'il se fait de lui-même en tant qu'homme, toujours un tant soit peu entachée du traditionnel « machisme », risque d'en être affectée. Dans un autre domaine, celui qui a toujours voté à gauche et qui se laisse convaincre, là, de voter pour un candidat ou une liste de droite devra accepter un changement plus profond que celui qu'implique un geste électoral.

Au deuxième niveau, il est difficile techniquement de convaincre. Il ne suffit pas d'affirmer son opinion, il faut argumenter, c'est-à-dire construire un raisonnement, trouver de bonnes raisons acceptables pour l'auditoire. L'objet de ce livre est de rendre les choses plus faciles de ce point de vue, en proposant des méthodes concrètes.

~ ***Mais si l'opinion défendue est juste, argumenter ne relève-t-il pas de la ruse et de la manipulation ?***

On entend souvent cette objection. Une bonne opinion se défendrait toute seule et tout recours à une « méthode » serait au fond un artifice peu recommandable, une instrumentalisation de l'autre. « Il faut partager les tâches domestiques, pensera alors la compagne, et s'il ne comprend pas cela tout seul, alors je n'ai pas à le convaincre. » Beaucoup de mauvaises raisons concourent à ce que nous ne nous placions pas dans la posture de celui qui veut convaincre. Croire que l'argumentation est une ruse est la principale mauvaise raison qui nous empêche d'être efficace dans ce domaine.

Convaincre sans ruse ni violence

Qu'est-ce qu'argumenter ? C'est proposer à l'autre de *bonnes raisons* d'adhérer à l'opinion qu'on lui propose. Comment fait-on pour argumenter ? Pour répondre à cette question, laissons la parole à celui qui moralisa l'art de convaincre et en fit une technique à la fois efficace et éthiquement acceptable, c'est-à-dire respectueuse de soi et de l'autre.

Au IVe siècle avant J.-C., le philosophe grec Aristote définissait l'art de convaincre – à l'époque on appelait cela la *rhétorique** – comme la méthode consistant à « trouver ce qu'un cas donné a de convaincant » pour un public donné. Aristote s'opposait en plus à l'usage de la ruse et surtout de la séduction et de la démagogie. Argumenter, nous explique-t-il, c'est proposer un raisonnement. Pas une démonstration rigide ni un acte habile de séduction, mais un raisonnement.

Aristote propose, entre autres, comme modèle de raisonnement, l'analogie :

> *Pour Aristote, celui qui veut convaincre qu'il n'est pas bon de tirer les magistrats au sort (c'était une pratique grecque pour désigner les jurys dans le domaine judiciaire, notamment) peut utiliser un raisonnement par analogie* : imagine-t-on que, pour composer une équipe sportive qui représente la cité, on tire les joueurs au sort parmi l'ensemble des citoyens ? Les Grecs, grands amateurs de sport, comprirent tout de suite l'argument*.*

~ *Malgré tout, n'y a-t-il pas toujours de la séduction dans l'acte de convaincre ?*

La tradition rhétorique est claire sur ce point. On peut convaincre efficacement sans recourir, comme élément central, à la séduction. Si pour défendre une opinion on utilise uniquement des procédés de séduction, ou de menace, qui est une sorte de séduction inversée, on pratique la manipulation*. Ce point sera longuement traité plus loin. Une approche éthique et humaniste de l'acte de convaincre implique de faire une disjonction claire entre, d'un côté, argumenter et, de l'autre, manipuler.

L'efficacité est possible sans recours à la séduction. Voilà la grande leçon de la rhétorique classique, telle qu'elle a été répercutée par la tradition humaniste. La femme qui veut convaincre son compagnon de partager les tâches domestiques peut le faire sans recourir à des procédés de séduction qui ne l'honoreraient pas et qui risqueraient de ne pas être efficaces (le lecteur impatient devra attendre encore un peu pour en savoir plus sur ce point).

~ ***N'y a-t-il pas quand même, dans l'acte d'argumenter, un artifice, une ruse ?***

Ce qui caractérise la ruse, c'est la dissimulation des procédés utilisés. Il ne faut pas confondre, d'une part, préparation d'une argumentation, recours à une méthodologie, mise au point d'arguments bien pensés en fonction de l'auditoire, et, d'autre part, ruse et manipulation. Ce n'est pas parce que l'on prépare les choses qu'il y a ruse. Dans le cas de l'argumentation, et cela, comme nous le verrons, la distingue radicalement de la manipulation, la méthode utilisée pour convaincre est sur la table, elle est transparente. « Je vais prendre une analogie », dit Aristote dans l'exemple cité plus haut. À l'auditoire de l'accepter ou pas. L'argumentation l'en laisse libre là où la ruse est une forme de violence mentale.

~ ***L'argumentation ne fait donc pas appel à la violence ?***

Justement non. De ce fait elle permet de confronter des points de vue différents, de se convaincre, ou pas, sans que cela fasse déraper la relation vers la violence. Plus les sociétés se modernisent, plus la personne humaine y occupe une place importante, plus nos opinions s'écartent les unes des autres. Mais, malgré tout, nous souhaitons continuer à vivre en société, ce qui implique que nous ayons sur certains points des opinions en commun.

Argumenter n'est pas une performance oratoire

On confond souvent compétence à argumenter et performance oratoire. Pour beaucoup, quelqu'un sait convaincre parce qu'il parle bien, parce qu'il a le verbe haut, voire une certaine assurance. C'est bien sûr une erreur. Certains orateurs* impressionnent leur auditoire, les enchantent, parfois même leur donnent du plaisir. Sont-ils convaincants pour autant ?

À la sortie d'une conférence particulièrement brillante dans une librairie, deux dames âgées échangent leurs impressions. « Quel plaisir d'écouter cet homme ! dit l'une – Oui, pour moi aussi, dit l'autre, mais je ne me souviens plus tellement de ce qu'il a dit. »

Cette représentation de l'argumentation, comme devant forcément être portée par des orateurs brillants, décidés et charmants, décourage ceux qui ne sont, comme beaucoup d'entre nous, pas très à l'aise avec la parole, ou même qui sont timides. On n'argumente pas pour faire plaisir à ceux à qui on parle, mais bien pour les convaincre d'une opinion.

~ *Il faut donc absolument faire une disjonction entre argumentation et performance oratoire ?*

On peut très bien convaincre en argumentant, mais en n'étant par ailleurs pas très à l'aise avec la parole. Nous verrons un peu plus loin qu'il y a une manière de s'y prendre qui rend les auditoires bienveillants. Un timide peut très bien trouver les mots justes, ceux qui vont faire mouche. On ne se souviendra pas de la personne timide mais on se remémorera ce qu'elle a dit. Croyez-le si vous voulez, mais certaines personnes bègues sont des vendeurs efficaces. Dans une certaine mesure, trop bien parler suscite la méfiance et une certaine résistance de la part des auditoires, là où la parole du timide est plus facilement entendue.

Il n'en reste pas moins que beaucoup de personnes ont des difficultés à parler en public. C'est même l'une des premières peurs des Français, mais aussi des Britanniques ou des Américains. Dans les groupes de formation à l'argumentation, on observe que, lorsque les stagiaires sont confrontés à la nécessité de prendre la parole dans le cadre d'un débat organisé, ils s'attendent d'abord à ce qu'on les regarde. Au lieu d'être naturels, ou tout simplement eux-mêmes, ils s'essaient souvent à des effets théâtraux.

~ *Mais n'est-on pas d'abord une apparence, le corps n'est-il pas essentiel ?*

Dans de nombreuses formations à la prise de parole, on fait exactement l'inverse de ce qu'il faudrait faire. On concentre l'attention sur l'apparence, les gestes, le « non verbal ». Au besoin, on enregistre sur des caméras vidéo les performances des uns et des autres. Or ce n'est pas ce que l'on est ou son apparence qui compte, mais ce que l'on dit.

Il faut que la parole argumentative puisse exister pour elle-même, indépendamment de celui qui la tient, et qu'elle puisse ainsi circuler, aller vers les autres. Ce qu'on demande à l'auditoire c'est uniquement d'entendre et, éventuellement, de s'approprier une parole tenue, et non d'accepter en plus toute la personnalité de l'autre. Il y a en argumentation un phénomène connu qui devrait nous faire réfléchir.

Deux amis ont une longue discussion sur le nucléaire. Paul propose plusieurs arguments en faveur de ce type d'énergie et ses arguments font réfléchir son ami Jean. Quelques semaines se passent. Au détour d'une conversation, Jean se lance dans une curieuse entreprise, persuader son ami que le nucléaire est une bonne chose... Paul sourit, il se rend compte que Jean a oublié que c'est lui qui l'avait convaincu !

Ce phénomène est fréquent. Lorsqu'on est convaincu et que l'on a intériorisé des arguments, on peut avoir tendance à oublier ceux qui les ont proposés. Ce n'est pas la personne qui convainc, mais ce qu'elle dit. Donc peu importent finalement l'apparence ou la gestuelle.

On a beaucoup trop traité la prise de parole sous l'angle psychologique. Si quelqu'un est timide, c'est son affaire, ce n'est en aucun cas un obstacle au caractère convaincant de *ce qu'il dit*. Il faut donc renoncer à cette rationalisation toute prête qui empêche bien des personnes de progresser en argumentation, car elles croient que leurs difficultés à prendre la parole est un obstacle rédhibitoire.

Il ne faut bien sûr pas entendre dans ces propos une apologie de la timidité et du bégaiement. Mieux vaut parler nettement et clairement lorsqu'on veut argumenter, mais ce sont là des qualités d'accompagnement, qui ne constituent pas la compétence principale. En argumentation, c'est ce qui est dit qui compte en premier, pas la performance verbale.

Ni informer ni exprimer, mais... argumenter

La tradition française est très attachée à l'alternative entre la démonstration rationnelle et l'expression des sentiments. Nous sommes perpétuellement pris dans le double balancement entre les sciences et les lettres, entre la raison et les sentiments, entre l'esprit et le cœur, la tête et le corps.

La conséquence de cette alternative oppressante est qu'une partie d'entre nous croit que l'on convainc soit en démontrant ou en informant correctement, soit en séduisant. Si l'on veut bien comprendre l'acte de convaincre, il faut le distinguer clairement de l'acte d'informer, comme de l'acte qui consiste à exprimer un sentiment. Ce sont là trois genres différents.

Si je dis : « Il y a trois arbres dans la cour. Comme nous sommes au printemps, leur feuillage est vert clair. Le plus grand mesure environ 6 m. Les deux autres arrivent à la moitié de cette hauteur. Leur feuillage touche presque les murs des maisons de la cour », je fais une description*. Celle-ci est la plus objective possible. Une information, c'est-à-dire une description communiquée à l'autre, ne contient en soi aucune opinion. Elle est neutre.

Si je dis : « Il y a dans la cour trois arbres, dont les feuilles vert tendre et l'ombre fraîche nous rassurent en été. Ils sont dressés là comme des grands-pères protecteurs », j'exprime une sensation, un sentiment qui m'est propre, une émotion esthétique et affective très personnelle. Je cherche à les faire partager aux autres, mais, en aucun cas, je ne cherche à les convaincre, sinon, *a minima*, de l'authenticité de mon sentiment.

En revanche, si je dis : « Les trois arbres de cette cour ont un feuillage tellement épais qu'ils engendrent une humidité préjudiciable au crépi des maisons. Il serait bon de les abattre », j'énonce clairement une opinion, que j'argumente en vue de convaincre un auditoire, par exemple, des copropriétaires que je veux sensibiliser à l'idée que si l'on ne coupe pas ces arbres, il y aura un jour des dépenses très importantes à faire pour rénover la façade des maisons. C'est un choix.

~ *Une bonne information ne permet-elle pas, malgré tout, de convaincre ?*

Oui, à la condition que cette information soit sortie du cadre de la description objective, puis traduite, transformée en argument et, du coup, puisse prendre un caractère légitimement orienté.

Prenons l'exemple du nucléaire dont Paul et Jean ont débattu. Les experts nous disent, même s'ils ne sont pas tout à fait en accord sur les chiffres, qu'il existe toujours un risque pour qu'un très grave incident arrive sur le site d'une centrale nucléaire. Même si elle est très faible, il y a une probabilité réelle pour qu'une catastrophe survienne.

C'est un fait. En soi cela ne constitue pas une opinion. Cela peut même provoquer un sentiment d'inquiétude. Beaucoup de gens sont convaincus de l'intérêt du nucléaire, ils préfèrent prendre un petit risque, mais s'assurer, en contrepartie, d'une part, d'une certaine indépendance énergétique, qui garantit de l'électricité sans recourir au pétrole, d'autre part, d'une sécurité dans l'approvisionnement constant en électricité. On choisit donc ici de minorer certains aspects et d'en majorer d'autres. On pèse le pour et le contre, et le pour, dans ce cas, pèse plus lourd que le contre. C'est tout le ressort de l'argumentation, qui insiste sur ce qui nous arrange et détourne le regard – sans toutefois fermer les yeux – de ce qui nous dérange.

Informer, convaincre, exprimer sont les trois genres de communication* que nous établissons entre nous. Ils appellent des compétences, des sensibilités, des qualités très différentes. Sur ces trois genres s'articulent des métiers très différents. Si l'on aime faire des descriptions, s'extraire de la scène pour la regarder avec détachement, et que l'on souhaite afficher une certaine neutralité, mieux vaut se déployer dans le domaine de l'information. Si l'on apprécie le domaine de la fiction, de l'imagination, de la création, de l'esthétique, le corps et les sensations qu'il procure, mieux vaut choisir tout ce qui a trait à l'expression, à la communication des *états ressentis*.

Pour argumenter, il faut sans doute avoir du goût pour l'empathie, l'ouverture aux autres, une certaine forme d'honnêteté et la capacité à créer ce lien social si particulier qui permet de transporter les points de vue et les opinions des uns vers les autres.

On convainc d'une opinion

De quoi cherche-t-on à convaincre ? D'un point de vue, d'une thèse, d'une opinion* que l'on a soi-même et que l'on a envie de faire partager à d'autres. Comme nous venons de le voir, l'opinion n'est ni un *fait* ni un *sentiment*.

Le fait se montre ou se démontre, il relève de l'évidence. « On n'argumente pas ce qui est évident », disait Aristote. Le sentiment se communique ; on demande que l'autre l'entende, le comprenne, mais pas forcément qu'il le partage.

L'opinion existe parce que, dans nos sociétés, nous avons des différences de point de vue. Voilà au fond ce qui caractérise le mieux ce qu'est une opinion : c'est un point de vue qui est par nature *discutable* et qui d'une certaine façon le sera toujours. Beaucoup de décisions, dans notre société, sont discutables, au sens fort, y compris sur des sujets qui engagent l'existence, la vie ou la mort. Faut-il instituer des lois qui permettent l'euthanasie ? Faut-il continuer à autoriser l'avortement ? Sur des fœtus de quel âge ? Ces questions bornent la vie et la mort et aucun fait, aucun sentiment ne permettent véritablement de les trancher. Et comme il faut bien prendre une décision, nous cherchons à nous convaincre mutuellement avec des arguments.

Le champ de l'opinion est d'abord l'espace privé qui se situe en chacun de nous, là où nous pesons le pour et le contre. Les opinions appellent toujours une adhésion variable et il est très rare que nous soyons à 100 % d'accord avec un point de vue que nous défendons. Il arrive même qu'en notre for intérieur nous soyons hésitant, plutôt favorable à cette opinion mais susceptible d'en changer au gré de rencontres avec d'autres arguments qui feraient basculer notre décision intérieure.

~ *Où rencontre-t-on des opinions ?*

L'opinion dans l'espace public ne relève ni de la science ni de la religion. Sept grandes situations sociales sont la matrice de la formation et de la discussion des opinions :

- les conflits d'intérêts dans l'espace public, notamment avec nos voisins, et tous ceux avec qui nous partageons le même territoire ;
- les situations professionnelles, lorsque nous sommes amenés à donner notre avis au travail ;
- les débats de société, où se prépare le cadre législatif de demain ;
- le domaine du politique, c'est-à-dire des décisions qui concernent la cité, la région ou la nation ;

- l'espace judiciaire, là où se règlent les conflits, où se maintient l'ordre public et où se régulent les mœurs ;
- le champ des relations privées, où, avec son conjoint, ses amis, ses proches, on est amenés à décider ensemble pour agir en commun ;
- le vaste domaine du marché et de la consommation, de la vente, de l'achat, de la publicité.

~ ***L'opinion, c'est une certitude ?***

Il est difficile d'accepter l'idée que tant de sujets importants restent discutables et qu'il n'y ait pas, quelque part, des certitudes. Celles-ci nous dispenseraient d'avoir à peser le pour et le contre. C'est le vertige ouvert par les sophistes en Grèce, à qui l'on a reproché leur relativisme. Ils découvraient le fait que c'est l'homme et non pas le sort, ou le destin, qui décide, et qu'il sera toujours libre de changer de point de vue.

La liberté de parole est essentielle à la formation des opinions, mais fait reposer sur nous le poids de la décision. D'où l'importance qu'il y a à savoir se forger une opinion. Lorsqu'on s'intéresse à l'argumentation il peut être utile de faire un exercice d'introspection et de se poser systématiquement la question : comment me suis-je formé cette opinion à laquelle je semble tant tenir ?

Pourquoi ai-je toujours voté à gauche ? Pourquoi suis-je favorable au nucléaire ? Pourquoi suis-je contre l'euthanasie ? Pourquoi ai-je choisi de rouler au diesel ? Pourquoi est-ce que je pense qu'il faudrait condamner plus lourdement les délinquants ? Pourquoi est-ce que je donne de l'argent aux mendiants ? Pourquoi suis-je favorable à la mixité à l'école ? Pourquoi est-ce que je pense qu'il faudrait supprimer la violence à la télévision et la publicité en direction des enfants ?

La liste est longue, très longue, des opinions, petites ou grandes, toujours susceptibles de changer, et dont l'ensemble constitue ma personnalité et détermine autant mon être intérieur que ma vie sociale. La pratique du convaincre nous apprend que nous sommes constitués par les opinions que nous défendons. Celles-ci doivent donc toujours, que ce soit pour moi ou pour les autres, être argumentées.

Convaincre : une compétence démocratique

L'opinion, c'est-à-dire ce qui est discutable et débattu, n'existe pas dans les régimes totalitaires. Là, c'est la vérité d'un seul, ou d'un parti, qui s'impose à tous, en général par la coercition physique et la propagande, qui est de la coercition mentale. Convaincre, c'est-à-dire proposer aux autres de partager l'opinion qu'on leur soumet, est une activité qui se déploie pleinement dans la démocratie.

Les sociétés et les cultures qui ont précédé la démocratie utilisaient peu la parole et surtout l'échange de parole pour prendre des décisions. L'invention démocratique est une manière de déployer la parole, de la transformer en action. Convaincre quelqu'un, c'est agir sur lui avec la parole. La parole pour convaincre est une force qui n'engendre pas de domination. Le principe matriciel de la démocratie est la *symétrie* entre les personnes, qui se traduit concrètement par l'égalité reconnue de la parole de chacun. Ce principe de symétrie dans la parole à des conséquences très importantes dans la manière dont nous nous adressons aux autres pour les convaincre.

~ ***Cela veut-il dire que toutes les paroles se valent ?***

Non, puisqu'une opinion finit par l'emporter sur une autre lorsque nous nous convainquons nous-mêmes, ou que nous tentons de convaincre les autres. Il y a donc des opinions qui s'imposent et d'autres qui sont délaissées. Mais le principe de symétrie implique que chaque parole, chaque opinion doit pouvoir être défendue, écoutée, considérée. Le principe démocratique, auquel les Grecs tenaient tant, est bien l'égalité des temps de parole, couplée à la nécessité de l'écoute mutuelle.

Depuis, la démocratie s'est étendue au-delà de la prise des grandes décisions concernant la cité. Le principe d'égalité s'est déployé dans la sphère économique, dans l'espace privé, dans les relations familiales, dans les relations avec les enfants. Aujourd'hui, dans les sociétés modernes, les couples se forment non plus sur un principe hiérarchique, mais sur l'idée que l'on prend ensemble les décisions et que l'on tente de se convaincre mutuellement des points de vue auxquels on adhère.

~ ***Tout le monde doit donc penser la même chose ?***

Non, bien sûr, mais lorsqu'on doit prendre une décision en commun, et la vie fournit de multiples occasions de cela, il faut bien que l'on discute, que l'on confronte ses points de vue. Il ne s'agit pas là de rechercher un consensus, car le consensus c'est souvent une mauvaise décision avec laquelle tout le monde est d'accord. La question est plutôt de défendre une opinion parce qu'on pense qu'elle sera la meilleure et que les autres, du moins une majorité d'entre eux, peuvent s'y rallier au moins provisoirement. En démocratie, qu'elle soit politique, conjugale ou familiale, toute décision peut être critiquée et ultérieurement modifiée.

Ce principe d'égalité a une conséquence concrète très importante sur le plan technique de l'argumentation. Je ne peux pas me présenter devant quelqu'un, essayer de le convaincre, lui proposer de multiples arguments, sans qu'il soit clair, explicitement ou implicitement, que j'entre dans un débat avec lui. Dans ce cas, l'éventualité que je change de position doit être *intégralement* et *visiblement* ouverte.

Voilà le grand paradoxe de l'argumentation. Je mobilise toute ma force, toute mon énergie, toute mon influence pour convaincre quelqu'un, mais, en même temps, il est clair qu'il est libre d'adhérer à ce que je lui propose et que ses arguments à lui, en retour, sont susceptibles de me faire changer d'avis.

Dans le cadre d'ateliers citoyens dont l'objectif était de former des personnes à discuter avec des électeurs racistes ou extrémistes, un des participants, confronté à cette règle de la symétrie sans laquelle il n'y a pas d'argumentation possible, s'est exclamé :

> *« Je ne peux pas discuter avec des électeurs du Front national sur la base de l'égalité des paroles, car je crains trop qu'ils puissent à leur tour me convaincre qu'ils ont raison. »*

On a trop tendance à vouloir convaincre les autres en pensant qu'on détient soi-même la vérité et que l'autre n'a qu'à s'y rendre. L'argumentation comme *compétence* démocratique implique de se remettre en cause soi-même et de s'ouvrir aux arguments des autres. Nous verrons plus loin que c'est autant une question d'éthique que d'efficacité dans l'art de convaincre.

~ *Convaincre les autres n'implique-t-il pas une certaine forme d'affrontement ?*

La démocratie, justement, est une manière de s'affronter pacifiquement. C'est le pari qu'il y a de la richesse dans les différences de points de vue, qu'il faut garder le bénéfice de la conflictualité mais en la pacifiant. L'argumentation est de ce point de vue un outil d'ouverture et de pacification.

Mais, bien sûr, utiliser des techniques de manipulation pour convaincre signe le retour de la violence dans les relations. Comme nous allons le voir maintenant, la manipulation est bien une coercition exercée sur l'autre, afin de le convaincre. C'est pour cela qu'elle est à la fois peu efficace et condamnable.

2 *Refuser la manipulation*

Les manipulateurs, et aussi ceux qui enseignent les techniques de manipulation, défendent leur cause de plusieurs façons. D'abord ils reconnaissent que, bien sûr, c'est de la ruse et que cela consiste à exercer une certaine forme de violence, mais, prétendent-ils, « tout le monde fait comme cela », « la vie n'est pas une partie de plaisir » et « les hommes sont ainsi ».

Cet argument n'est pas acceptable. Beaucoup de personnes n'utilisent jamais des techniques de manipulation pour convaincre et elles ne s'en portent pas plus mal. Ce n'est pas inscrit dans la nature humaine, et même si cela était, comme la violence par exemple, il est toujours possible de s'en démarquer.

Ensuite ils affirment : « Cela vous donnera du pouvoir sur les autres », « vous pourrez diriger des groupes, avoir de l'influence sur autrui, obtenir ce que vous voudrez ». Parfois même, certains ajoutent : « Si c'est pour une bonne cause, alors tout est permis. » Telle est la promesse que font ceux qui vendent des livres ou proposent des catalogues de formation promouvant de telles techniques, comme par exemple celles de la PNL (sigle pour les trois termes ronflants, destinés à faire illusion, de « programmation neuro-linguistique »).

Si quelqu'un veut absolument exercer du pouvoir sur les autres, quitte à recourir à la violence dissimulée, il n'y a effectivement pas grand-chose à dire, sauf, peut-être, que cela ne marche pas si facilement, et qu'il risque de s'installer dans une conflictualité difficile à vivre, et les résultats ne seront pas forcément au rendez-vous.

Enfin les partisans de cette méthode soutiennent que le critère principal est l'efficacité : « Si l'on veut convaincre, il faut s'en donner les moyens et ceux-là marchent à tous les coups. » Ce point est très largement discutable. Convaincre en utilisant des techniques de manipulation est-il vraiment efficace ? Même si la réponse à cette question n'est pas simple, on répondra ici clairement : *Non, le recours à la manipulation n'est pas efficace.*

Une technique vraiment efficace ?

Soyons plus précis : si l'objectif est de convaincre en profondeur, de faire que la personne fasse sienne, librement, l'opinion qu'on lui propose, la manipulation n'opère pas. S'il s'agit d'obtenir par la force, la ruse et la violence dissimulée une adhésion réactive, superficielle, sans véritable accroche dans l'esprit de la personne, alors la manipulation porte ses fruits.

~ ***Mais la propagande, ça marche !***
On l'a vu avec les régimes totalitaires...

Ces régimes, comme le nazisme, par exemple, exercent conjointement deux types de violence sur la population. D'une part, la violence de la propagande, des messages répétés sur tous les tons, mais aussi, ne l'oublions jamais, la coercition physique.

Non seulement on vous demande de croire que les Juifs, les marginaux, les Tsiganes constituent une « souillure raciale » dont il faudrait se débarrasser, mais si vous émettez publiquement des doutes ou si vous affirmez le contraire, la police politique se charge de vous punir. Il est facile de convaincre quelqu'un s'il y a derrière lui un type en uniforme qui menace de l'emmener dans un camp s'il ne souscrit pas aux raisons invoquées...

Mais c'est un cas extrême, car le cadre, ici, n'est plus démocratique et la liberté d'opinion n'existe plus. Examinons plutôt le cas du manipulateur dans un contexte où son auditoire est libre d'adhérer aux opinions qu'il lui propose.

~ ***L'efficacité n'est-elle pas, dans ce cas, du côté des manipulateurs ?***

Prenons l'exemple d'une situation à laquelle beaucoup de gens ont été confrontés, souvent sans le savoir.

Dans le cadre d'une négociation difficile que Dave devait engager avec Smith, il s'est fait accompagner d'une « spécialiste en communication » formée aux techniques de la PNL. Cette spécialiste s'est contentée de se taire pendant tout l'entretien tout en pratiquant une intense gymnastique corporelle invisible en face de Smith. Elle raconte l'entretien ainsi : « J'ai commencé à me synchroniser sur la respiration de Smith, [...] il était toujours légèrement agité. Se renversant en arrière sur sa chaise, il a posé ses talons sur le piètement. Ses jambes étaient écartées. Je portais une jupe étroite, aussi n'ai-je pu me synchroniser que sur les attitudes du haut de son corps. Quelques minutes plus tard, j'ai ralenti le rythme de ma respiration. Smith a fait de même. À ce moment, j'ai examiné Dave et me suis aperçue que nous respirions tous les trois au même rythme, signe que le contact était établi entre nous. Je n'ai rien fait d'autre. » Et Dave a obtenu tout ce qu'il souhaitait, et même plus, sans que Smith se soit aperçu le moins du monde du manège.

Dans un premier temps, nous pouvons retenir de cela une donnée essentielle : Smith, la personne à convaincre, ne s'est rendu compte de rien, et surtout pas qu'il était la cible d'une sorte de « gymnastique corporelle » destinée à faire passer la pilule.

~ ***Le manipulateur cache donc ce qu'il fait ?***

Oui, ce point est essentiel, nous y reviendrons. Car la question est ici que Smith ne sait pas pourquoi il a été convaincu. Il est en quelque sorte « hypnotisé ». Il dit oui car il se sent bien, détendu et que, lors de l'entretien, ceux qui cherchaient à le convaincre lui ont été très sympathiques. Il peut bien signer le contrat sur-le-champ, mais demain ? Une fois que l'influence directe ne s'exercera plus, qu'il ne sera plus soumis à la *force d'attraction* de ses interlocuteurs, il risque de se ressaisir et de ne plus être totalement convaincu de ce dont il était pourtant persuadé la veille.

~ ***N'est-ce pas la même chose avec l'argumentation ?***

Non, car celui qui argumente fournit de *bonnes raisons*. Si son interlocuteur les accepte, il se les approprie et le lendemain ce sont ces bonnes raisons qui lui serviront de référence s'il se demande pourquoi, la veille, il a changé de point de vue. La question est donc bien celle du *lendemain*. C'est là que l'on juge l'efficacité de l'argumentation. C'est pour cela que certains conseillent toujours de « dormir sur une décision à prendre », c'est-à-dire de s'accorder le temps de la réflexion, *hors de toute influence*.

C'est pour cela d'ailleurs que, pour tout ce qui concerne la vente à domicile, le législateur a prévu un délai de rétractation pendant lequel l'acheteur peut annuler sa commande sans avoir à en justifier la raison. Trop de démarcheurs utilisaient des techniques de vente manipulatoires, obtenant une efficacité immédiate. C'est seulement une fois que la commande était signée, pour un aspirateur high-tech, une encyclopédie en vingt volumes ou une cuisine équipée dernier cri, que le client se rendait compte qu'il s'était fait avoir.

La propagande est d'ailleurs souvent la répétition systématique de messages qui ont seulement un effet à court terme, mais l'accumulation de court terme finit par faire du long terme.

Caractéristiques de la manipulation

Soyons clair : malgré les difficultés que l'on peut parfois éprouver à analyser les situations concrètes, il y a une très nette différence entre les techniques de manipulation et les techniques d'argumentation. Ce sont deux mondes bien distincts. Toutefois deux éléments peuvent sembler communs.

Le premier est que, dans les deux cas, il s'agit d'une stratégie ou, du moins, d'une action que l'on prépare. Mais cela ne suffit pas, en soi, pour dire qu'il s'agit de la même chose. Nous préparons beaucoup de nos actions. Elles ne sont pas pour autant manipulatrices, ou même simplement irrespectueuses pour les autres.

D'ailleurs si l'on annonce à son interlocuteur « j'ai bien préparé cet entretien », c'est plutôt le signe que l'on fait attention à lui et qu'on le traite avec respect et sérieux. Encore faut-il pouvoir lui répondre avec franchise s'il demande : « Ah bon, et vous avez prévu de faire comment avec moi ? » Celui qui argumente peut dire : « J'ai pensé que vous seriez sensible à tel argument », « je sais que vous êtes attaché à telle valeur ». Celui qui manipule ne peut pas répondre : « J'ai prévu de synchroniser ma respiration sur la vôtre, mais surtout il ne faut pas que vous vous en rendiez compte pour que ça marche. »

Cet exemple révèle une première caractéristique de la manipulation : les techniques employées dans ce contexte ne doivent pas être visibles pour l'interlocuteur et tout doit être fait pour les dissimuler. C'est d'ailleurs un critère simple et efficace pour déterminer la nature d'une technique pour convaincre : s'il faut la cacher pour qu'elle marche, c'est que, très probablement, sinon toujours, elle est manipulatoire.

~ ***On apprend donc à dissimuler ?***

Bien sûr. Les stages de formation au « convaincre », très souvent organisés dans les entreprises ou même dans des organismes de formation publics, fonctionnent selon ce principe.

Comme nous l'avons vu plus haut, on y apprend par exemple des techniques de synchronisation corporelle (vous devez calquer votre comportement physique sur celui de l'interlocuteur – postures, rythme de la respiration, clignements d'yeux, etc.) à mettre en œuvre dans les situations où il faut convaincre. Mais, surtout, on vous dit que l'interlocuteur ne doit pas s'en rendre compte, sinon cela ne marche pas…

De même, lorsqu'on recourt à un amalgame pour convaincre, on dissimule soigneusement qu'il s'agit d'une association non fondée. Il faut donc créer un sentiment d'évidence, en utilisant par exemple le rythme de la phrase, comme dans ce fameux amalgame : « Les grands problèmes que connaît la France actuellement : le chômage, les maladies contagieuses, le sida, l'immigration, les épidémies. »

Que l'immigration constitue, comme en tout temps et en tout lieu, un type de « problème » qui se pose à tout pays n'a rien à voir avec ce dont on veut nous convaincre ici, c'est-à-dire que les immigrés apportent le sida, les maladies contagieuses et les épidémies (en plus du chômage…) ou que, du moins, il s'agit de la même catégorie de problèmes. L'absence de lien et la manière dont est construit le raisonnement sont ici soigneusement cachées.

On le voit, le fait que dans les deux cas on prépare l'action ne suffit pas pour dire que l'argumentation et la manipulation sont la même chose.

~ *Il y avait un deuxième élément de ressemblance...*

Oui, c'est le fait que dans les deux cas on s'intéresse à l'auditoire, qu'on cherche à le comprendre, pour construire sur cette connaissance une stratégie pour convaincre. Il arrive que certains soient persuadés qu'une telle démarche est forcément manipulatoire. Ceux-là pensent que convaincre, c'est faire une démonstration logique, qui s'adresse à tout le monde... mais à personne en particulier.

Convaincre, c'est parler à quelqu'un, donc s'intéresser à lui. Mais il y a différentes façons de s'intéresser à une personne.

~ *Quelles sont les différences ?*

De manière très synthétique, on dira que celui qui argumente ne fera jamais faire à une personne une chose avec laquelle elle serait en désaccord. Il ne le pourrait d'ailleurs pas avec les simples méthodes de l'argumentation. À l'opposé, celui qui manipule n'hésitera jamais à faire accepter, si c'est son propre intérêt, ce avec quoi son auditoire serait en désaccord.

Celui qui, en argumentant, veut convaincre un inconnu, croisé dans la rue, de lui donner dix euros risque de rencontrer de grandes difficultés. Pas si facile de trouver de bonnes raisons pour cela ! Peu de gens veulent donner dix euros dans de telles conditions. Ils peuvent le faire, mais risquent d'être en désaccord avec eux-mêmes. Celui qui veut en convaincre un inconnu en le manipulant aura curieusement plus de facilité s'il est suffisamment habile. Mais l'autre sera toujours autant en désaccord.

~ *Quelle est la méthode pour manipuler dans ce cas ?*

Il y en a plusieurs. Prenons l'exemple de la ruse que nous appellerons, le « coup de l'anneau d'or » :

Le manipulateur, au moment de croiser sur le trottoir sa future victime, se baisse soudain juste devant elle et se relève avec, dans les mains, un objet qu'il semble avoir trouvé par terre. Il le montre : il s'agit d'un anneau d'or, de la taille d'une alliance.

« Incroyable, dit-il, quelqu'un a perdu une bague en or ! » et il ajoute immédiatement : « Regardez, cela a beaucoup de valeur ! Il faudrait la rapporter au commissariat. » Comment ne pas acquiescer ? Mais l'homme enchaîne : « Je ne peux pas y aller moi-même, je suis étranger et ma situation n'est pas très régulière. Allez-y donc vous… » et il met la bague dans les mains de sa victime. Le manipulateur laisse passer un temps puis, se rapprochant de son interlocuteur et lui prenant le bras qui tient la bague, il lui dit doucement : « Il y aura sans doute une bonne récompense, c'est vous qui la toucherez, pouvez-vous juste me donner dix euros ? » Il est rare que la victime ne s'exécute pas…

Inutile de préciser que la « bague en or » est un anneau de laiton vendu au rayon plomberie des magasins de bricolage et vaut, au mieux, 50 centimes. Inutile également d'ajouter que les victimes découvrent rapidement – quand elles ne s'en sont pas déjà rendu compte pendant l'échange… – qu'elles ont fait une chose qu'elles désapprouvent et que, en prime, elles ont perdu dix euros.

~ Que s'est-il précisément passé dans le « coup de l'anneau d'or » ?

La situation est complexe. D'abord le manipulateur a parfaitement su choisir sa victime dans la rue car il est physionomiste. Il ne fera pas le coup à tout le monde. D'où un taux de succès élevé. Puis il joue, habilement, sur plusieurs ressorts propres à chaque personne (le dialogue, évidemment, varie). Il est difficile de repousser un tel assaut d'honnêteté (« il faut rendre l'anneau à son propriétaire »). Ensuite, *que l'on ait décidé de rendre l'anneau ou de le garder pour soi*, il serait injuste de ne pas en faire un peu profiter cet homme si honnête. Enfin, il faut bien compenser, dans une sorte de loi de l'équilibre, le fait d'avoir de l'or dans la main.

En résumé, le procédé est dissimulé, il s'appuie sur une bonne connaissance de l'auditoire ; son efficacité est limitée au court terme et il exerce une violence sur celui qui se laisse prendre.

~ *Pourquoi parler ici de violence ?*

D'une part, parce que l'on nous oblige, par la ruse, à réaliser un acte auquel on ne serait pas livré autrement. D'autre part, parce que le fait de commettre cet acte entraîne, après la prise de conscience du manège, un sentiment d'autodévalorisation, de honte, voire un passage à vide : on est un faible, on est quelqu'un qui se fait avoir, on n'a pas envie d'en parler aux autres... Certains vont jusqu'à refuser, contre toute raison, de reconnaître qu'ils se sont tout simplement fait avoir.

~ *Mais la victime potentielle était libre de refuser ?*

Oui, bien sûr, en théorie. Les techniques de manipulation ont comme premier objectif de paralyser la réflexion, de bloquer la liberté de penser. Elles sont, sur un plan mental, une privation de liberté. C'est donc tout l'inverse de l'argumentation.

Il y a au moins deux grandes familles de techniques de manipulation, celles qui jouent sur les affects, les sentiments, et celles qui jouent, pour le fausser, sur le raisonnement lui-même. Dans les deux cas, on retrouve les grandes caractéristiques qui viennent d'être dégagées : la dissimulation, le recours à la violence mentale, la privation de liberté.

Trois bonnes raisons de renoncer

La question qui court en filigrane tout au long de ce chapitre est simple : pourquoi faut-il refuser la manipulation ? Si cette question se pose, c'est qu'elle constitue une *tentation* bien réelle. Oui, il faut le reconnaître, il peut être tentant, pour convaincre, d'utiliser des techniques dont on sent bien qu'elles ne sont pas tout à fait du côté de l'argumentation.

Notre société ne condamne pas véritablement le recours à de telles techniques. Elles sont d'ailleurs assez fréquemment utilisées en politique – moins toutefois qu'on ne le pense – ou en publicité – et, là, hélas, plutôt plus qu'on ne le pense. On les rencontre aussi dans les relations au travail mais également dans les rapports familiaux, amicaux ou même dans l'éducation des enfants. Il y a aujourd'hui une certaine tolérance par rapport à cela.

C'est aussi qu'on ne voit pas à quel point elles représentent une violence exercée sur soi et sur les autres. Il y a aussi la pression de l'efficacité dans un monde où tout va vite et où l'on n'a pas toujours le loisir... de prendre le temps d'argumenter. C'est oublier que l'on peut argumenter rapidement et que certaines propositions très fortes peuvent parfois être énoncées de manière brève. Manipuler pour convaincre est donc clairement une tentation, à laquelle il faut pourtant renoncer.

~ *Mais, au fond, pourquoi se passer de manipuler ?*

On peut retenir de tout ce qui vient d'être dit sur les techniques de manipulation plusieurs excellentes raisons de renoncer. Il y en a au moins trois. La première est d'ordre éthique, la seconde tient à l'efficacité réelle de ce que l'on entreprend, et la troisième, que nous n'avons pas encore abordée, tient à la nécessité que l'on a de se préserver, soi, face à la dégradation personnelle qu'entraîne l'usage de techniques de manipulation.

La première raison est d'ordre éthique. Reconnaissons que c'est la plus forte en termes de valeur et la plus faible en termes pragmatiques. L'éthique est souvent renvoyée à une sphère de considérations abstraites, alors que, dans la vie, il faut bien se débrouiller. Nous pouvons souhaiter une société idéale, il n'en reste pas moins que le monde est souvent dur et cruel. À partir du moment où on le sait, une question fondamentale se pose : est-il légitime d'exercer sur l'autre une violence, même si celle-ci prend la forme rusée et souriante de la séduction ?

N'oublions jamais qu'avec la manipulation nous faisons prendre aux autres, la plupart du temps, des décisions qu'ils n'auraient pas prises eux-mêmes. Et on ne peut pas se contenter de dire qu'ils n'avaient qu'à ne pas se laisser faire. L'éthique, ici, consiste à ne pas se placer en posture d'exercer une violence ou une contrainte mentale sur les autres.

Il est vrai que, comme tout argument éthique, celui-ci renvoie chacun à lui-même. Mais la remarque essentielle est que, si déjà on exerce une violence sur les autres, autant ne pas refuser de reconnaître qu'il s'agit bien d'une violence, et ne pas chercher de mauvaises raisons pour dissimuler à ses propres yeux les conséquences de son comportement.

La seconde raison tient à l'efficacité.

~ ***Ce point a déjà été traité plus haut, manipuler n'est finalement pas si efficace que cela ?***

Non, effectivement, le vrai grand succès des manipulateurs est de faire croire que leurs techniques, servant souvent un but commercial, sont efficaces. À court terme, ils arrivent d'ailleurs à vendre des livres ou des programmes de formation. Mais les gens formés à ces techniques sèment souvent du désordre et sont responsables d'une véritable perte de productivité dans les entreprises où ils exercent leur talent.

Il faudra un jour faire le bilan de ce qu'a coûté, en pertes réelles, aux entreprises le fait de former une partie de leur personnel à des techniques qui dégradent considérablement l'ambiance et la qualité du travail.

Sans qu'il soit ici question de faire le moindre amalgame, on notera que si l'usage de la propagande a permis aux nazis de prendre le pouvoir et de le garder, l'« efficacité » globale de cette action est surtout à rechercher du côté du malheur et de la désolation que les Allemands, sous influence et souvent sous la contrainte, ont massivement provoqués en Europe et dans le monde.

Sans compter que le manipulateur joue toujours sa réputation et plus encore quand on découvre qu'il a utilisé de telles techniques pour convaincre :

Simon est responsable du service de formation d'une très grande entreprise bancaire. C'est lui qui compose les catalogues, qui embauche les formateurs, qui fait appel à des cabinets spécialisés dans la formation. Sa responsabilité est importante car l'entreprise lui confie, à grands frais, ses personnels afin qu'ils soient mieux formés et plus productifs. Simon a suivi il y a quelque temps un stage d'argumentation où il a été sensibilisé à la différence entre argumenter et manipuler. Un jour, deux cadres d'un cabinet spécialisé dans la formation lui demandent rendez-vous pour lui proposer un nouveau stage à inscrire à son catalogue. Simon les reçoit car il est dans une période où il doit renouveler son programme. L'entretien se passe très cordialement. Les visiteurs sont très sympathiques et ce qu'ils proposent, un stage pour apprendre à « mieux communiquer », paraît très attrayant. L'ambiance est même particulièrement détendue au point que l'on parle assez peu du contenu de la proposition, car les deux interlocuteurs inspirent immédiatement confiance. Comment ce qu'ils proposent pourrait-il ne pas être de qualité ? Soudain un déclic s'opère dans l'esprit de Simon. Il remarque que très discrètement l'un de ses interlocuteurs l'observe et cale ses gestes sur les siens. Il se souvient alors des mises en garde qu'on lui avait prodiguées sur l'usage des techniques de synchronisation. Il comprend qu'on est en train d'utiliser sur lui ces techniques de fusion et de séduction qui dispensent de discuter le contenu mais qui, comme par miracle, le rendent convaincant. Après s'être assuré par l'observation que c'était bien de cela qu'il s'agissait, Simon a interrompu rapidement l'entretien et a éconduit, poliment mais fermement, ses deux interlocuteurs.

On voit bien ici que l'usage de techniques de manipulation non seulement n'a rien donné du point de vue de l'efficacité mais, *a contrario*, a largement contribué à déconsidérer le cabinet les utilisant. Simon ne s'est pas gêné pour faire passer le mot à ses confrères : « Méfiez-vous de ce cabinet, ils essaient de vous avoir. »

~ *Encore fallait-il que Simon puisse décoder la situation ?*

Oui, c'est là la grande difficulté : la plupart du temps, il faut connaître les techniques de manipulation pour pouvoir y échapper. Mais au fond, dans une simple démarche de bon sens, ne faut-il pas toujours se demander : « Pourquoi est-ce que j'adhère à ce dont on m'a convaincu ? »

~ *Après l'argument éthique et celui de l'efficacité, quelle est déjà la troisième raison de renoncer à la manipulation ?*

C'est une raison dont on parle très rarement. Celui qui recourt à des techniques de manipulation n'est pas forcément un individu violent et cynique, qui sait ce qu'il fait et qui est indifférent à tout. La plupart du temps, comme nous l'avons dit, c'est plutôt une tentation à laquelle on cède.

Dans les stages où l'on apprend des techniques de manipulation, il arrive que des personnes « craquent » nerveusement et psychologiquement. On leur apprend à dissimuler ce qu'elles font, à regarder l'autre comme un objet que l'on peut, justement, manipuler à sa guise. On accepte de le faire car c'est un formateur qui nous l'apprend, c'est l'entreprise qui cautionne ce stage de formation, et puis il y a la promesse de l'efficacité.

~ *Pourquoi tout cela ne serait-il pas légitime ?*

On nous demande de nous transformer nous-même en quelqu'un qui porte sur les autres un regard de plus en plus cynique. Pour beaucoup d'entre nous, cela provoque un conflit intérieur, une tension mentale très importante. Le manipulateur est souvent la première victime de la manipulation qu'il exerce sur les autres. Et s'il n'y avait qu'une seule raison à mettre en évidence, ce serait sans doute celle-là. Ce n'est pas tellement que l'on détruise les autres ou que ces actions soient inefficaces, mais c'est surtout que les techniques de manipulation nous transforment d'une manière qui nous est rarement favorable. Elles nous *dégradent*, dans tous les sens du terme. Elles dégradent aussi notre image auprès des autres.

~ *N'y a-t-il pas des situations où malgré tout la manipulation est justifiée ?*

Cette question est délicate, Comme la manipulation est une violence, on peut se dire, à moins d'épouser une idéologie totalement pacifiste, que dans certains cas, qui ont tous à voir avec ce qu'on pourrait appeler la *légitime défense*, le recours à la manipulation, sans être souhaitable, est inévitable.

René rentre chez lui le soir tard. Il croise un inconnu qui a l'air un peu éméché mais qui tient tout de même sur ses jambes et brandit un couteau à portée du ventre de René : « Ton fric ! Donne ton fric. » René a très peur mais, un jour, quelqu'un lui a parlé d'une situation comparable et de ce qu'il faut faire dans ce cas, et ce souvenir a fait irruption dans sa mémoire. Aussi dit-il à son agresseur cette phrase surprenante : « Auriez-vous l'heure, s'il vous plaît ? » L'inconnu grimace et regarde sa montre : « Il est 23 h 30. » Un long silence s'installe ensuite entre les deux hommes. Contre toute attente, René s'approche alors de son agresseur et lui pose la main sur le bras : « Ça n'a pas l'air d'aller très fort pour vous ? – Ça non, répond l'homme en baissant son couteau. Regardez ce que j'allais faire comme bêtise. » René le réconforte et lui glisse à un billet de 10 euros dans la main. L'homme le remercie et s'en va lentement dans la nuit.

Était-il légitime que René utilise ce petit florilège de techniques de manipulation plutôt que d'essayer d'argumenter ? Il semble que la réponse ici soit positive, mais la situation heureusement est très rare.

3 Comment se préparer à argumenter ?

Il est temps maintenant d'entrer dans une dimension plus technique. Argumenter, cela s'apprend et ce que l'on acquiert en premier lieu, c'est l'art de préparer une argumentation. Nous allons donc évoquer d'abord les obstacles que l'on rencontre et ensuite détailler le protocole classique qui permet d'acquérir l'efficacité que requiert une telle situation. On n'hésitera pas ici à soutenir l'idée que sans préparation adéquate une argumentation a toutes les chances d'échouer. C'est dire l'importance du protocole de préparation.

Les croyances qui font obstacle

Il y a plusieurs obstacles qui nous empêchent d'avoir conscience de cette nécessité. Le premier consiste à croire que certaines personnes sont naturellement plus douées que d'autres pour argumenter et convaincre, et que donc « *ça ne s'apprend pas* ».

> *« Moi, me dit Josiane, je n'y arriverai jamais. Ça, ce n'est pas pour moi, je parle, mais trop ou trop peu, et on ne m'écoute pas. Quant à convaincre… il ne faut pas y compter. Par contre, il y a dans mon service quelqu'un qui a une aisance naturelle, on l'écoute et on partage volontiers son avis. On dirait qu'il est né comme ça ; c'est comme être un beau garçon ou une belle fille. Argumenter ça ne s'apprend pas : on sait ou on ne sait pas. C'est dans les gènes. »*

Des témoignages comme celui-là, il y en a beaucoup. Ils sont tous le symptôme d'un manque de confiance en soi, mais surtout d'une méconnaissance du fait qu'argumenter est une technique et que, comme toutes les techniques, celle-ci peut s'apprendre.

~ *Alors argumenter est une démarche artificielle ?*

Un deuxième obstacle consiste à croire que si les techniques d'argumentation s'apprennent, c'est qu'elles sont artificielles et relèvent sans doute, de ce fait, de la manipulation. Nous l'avons vu, la manipulation tient à l'emploi de *certaines* techniques. Il nous importe ici d'apprendre les techniques qui sont légitimes pour convaincre, au double sens où, d'une part, elles respectent l'auditoire et, d'autre part, elles sont efficaces pour convaincre.

Il est très important de se départir de ces deux idées (argumenter ne s'apprend pas, et toute préparation est un artifice qui relève de la manipulation), car elles constituent un blocage pour l'apprentissage. Ces deux croyances sont à l'origine d'un défaut que l'on observe fréquemment : l'absence de préparation, alors même que l'on va être confronté à une situation où l'on doit argumenter.

> *Robert doit présenter demain devant l'ensemble de l'équipe une proposition qui lui tient à cœur depuis longtemps, créer un nouveau service au sein du département. Il sait que chacun l'écoutera, posera des questions, mais aussi que la partie n'est pas gagnée car*

il y a quelques opposants à son projet. Le directeur du département sera présent et tiendra compte des avis des uns et des autres pour prendre sa décision. Donc chaque point de vue compte. Robert connaît par cœur le dossier, il a en tête, mais aussi sur des petites fiches très bien ordonnées, une partie des faits qui illustrent pour lui la nécessité de créer un nouveau service. Robert estime donc qu'il n'a pas besoin de préparer son intervention. Dans son esprit, il est prêt. En même temps, il sait que même s'il connaît bien le dossier, il a en général des difficultés à convaincre les autres. Cette situation le stresse et il préfère ne pas y penser à l'avance. Et puis, trop préparer ressemblerait, pour lui, à de la manipulation et Robert tient à être honnête, il ne veut pas convaincre avec des artifices ou des « trucs ». Les données techniques autour desquelles il improvisera demain suffiront donc.

Robert est sans doute un bon professionnel, mais sur ce point précis et essentiel il se trompe. Il croit que parce qu'il connaît bien son dossier et éventuellement les éléments qui l'ont convaincu lui-même, cela suffira à entraîner l'adhésion du groupe et du directeur.

~ *Au-delà de bien connaître son dossier, que doit-on prévoir, alors ?*

Ce qui risque de manquer cruellement à Robert, et de faire échouer son initiative, c'est le fait *qu'il n'a préparé aucun argument* et surtout aucun argument qui s'adresserait précisément à son auditoire. Il y a pire, il n'a pas voulu préparer son argumentation, en pensant, à tort, que *cela le desservirait car cela aurait l'air trop artificiel.*

~ *Que faire quand on doit argumenter sur-le-champ ?*

Si on ne peut pas toujours préparer sa démonstration, pourquoi ne pas tout faire pour *être préparé* à affronter ces situations ? Napoléon, dit-on, avait la réputation de réagir très vite dans toutes les situations. Un jour quelqu'un lui fit un compliment au sujet de sa rapidité d'esprit. Il répondit en substance : « On croit toujours que je pense vite, quelle erreur ! J'ai toujours pensé avant. » On peut avoir le point de vue que l'on veut sur Napoléon, mais voilà une belle leçon pour tous ceux qui s'entraînent à argumenter, quel que soit le temps de préparation dont ils disposent.

Se former, s'entraîner à argumenter procure une souplesse d'esprit qui est le meilleur moyen d'être préparé, c'est-à-dire de savoir construire très rapidement une argumentation dans une situation hautement interactive et spontanée.

Le protocole de préparation

Toute la tradition rhétorique depuis l'Antiquité a attaché une grande importance à la question de la préparation de l'argumentation. Dans l'Antiquité, dès la prise de conscience qu'il fallait apprendre à convaincre, un protocole de préparation a été mis au point. Sa simplicité et sa rusticité le rendent encore tout à fait adapté aux situations actuelles.

Pourquoi faut-il préparer une argumentation, et utiliser pour cela un protocole, alors que l'on est au clair avec l'opinion que l'on veut défendre ? C'est tout simplement au nom d'une loi intangible : on ne convainc pas en se contentant d'énoncer une opinion. Trop souvent, en effet, on énonce l'opinion que l'on veut défendre comme si elle était une évidence. Mais cela ne suffit pas.

Mon interlocuteur débutait dans une association qui visiblement s'était fixé comme objectif de lutter contre l'euthanasie et qui disposait de tables de permanence dans les zones commerçantes de la ville, le samedi après-midi. Il s'époumonait et répétait toujours la même chose d'un air indigné : « Cette loi conduit à l'euthanasie, il faut refuser l'euthanasie, l'euthanasie est une mauvaise chose, comment peut-on accepter l'euthanasie ? » Personne ne semblait convaincu par son discours. Mon interlocuteur avait l'air de considérer comme évident que l'euthanasie est une mauvaise chose et que le simple fait de prononcer ce mot entraînait une réprobation générale chez ceux à qui il s'adressait.

Qu'est-ce qui n'allait pas dans ce discours ? Pourquoi n'était-il, en aucun cas, convaincant ? « Je suis contre l'euthanasie » est une opinion, mais son simple énoncé n'en fait pas un argument.

Le protocole de préparation de l'argumentation repose sur une distinction très importante, techniquement, entre, d'une part, l'*opinion* et, d'autre part, les *arguments* que l'on va utiliser pour convaincre de cette opinion. Si je dis : « L'euthanasie est un acte qui consiste à tuer quelqu'un, et tuer quelqu'un a toujours été considéré comme un crime, donc l'euthanasie est une sorte de crime », on voit bien que, dans ce cas, je vais bien au-delà de l'opinion, que j'y ajoute des arguments. On ne peut convaincre qu'avec des arguments.

~ ***Préparer une argumentation, c'est donc trouver des arguments ?***

Oui, exactement. Le protocole classique de préparation de l'argumentation est une démarche qui consiste, pour une opinion donnée, à trouver les bons arguments, c'est-à-dire ceux qui convaincront l'auditoire auquel on s'adresse.

Ce protocole se déroule en quatre étapes :

- l'invention*,
- l'élocution*,
- la disposition*
- l'action*.

La *première étape*, l'invention, consiste à se demander *à qui l'on s'adresse* afin de trouver un *angle d'approche* et des *points d'appui*, qui soient adaptés. Très souvent ceux qui cherchent des arguments ne se posent pas la question de savoir si ceux-ci sont adaptés aux personnes qu'ils veulent convaincre. Il est donc essentiel de commencer la préparation par une démarche empathique approfondie, car ceux à qui l'on s'adresse ont en général déjà un point de vue sur le sujet, avec lequel il faudra composer.

Qu'est-ce que pense l'autre ? Qui est-il ? Y a-t-il chez lui des points d'appui sur lesquels « accrocher » mon opinion ? Voilà les toutes premières questions que l'on devrait se poser. De cette interrogation va naître ce que l'on pourrait appeler un angle d'approche.

Membre actif d'une association qui défend la prévention pour lutter contre la délinquance juvénile, je dois m'adresser, lors d'une prise de parole, à une salle dont je sais qu'elle sera composée de publics différents, un public d'enseignants mais aussi un public de syndicalistes policiers, curieux de ces questions et qui ont été invités pour l'occasion. L'angle d'approche sera forcément différent dans les deux cas. Je sais que les enseignants peuvent être sensibles au fait que la prévention est une sorte d'acte pédagogique, voilà donc une bonne technique, qui rapprochera mon argument du public auquel il est destiné. Mais je sais aussi que ce même argument laissera probablement indifférent le public de policiers que je dois convaincre. Il sera plus efficace d'insister dans ce cas sur le fait que la prévention diminue la petite délinquance et donc libère du temps de travail pour les policiers qui peuvent se consacrer à des affaires plus sérieuses (ou tout simplement voir leur charge de travail diminuer).

Cette double notion de connaissance du public et d'angle d'approche est essentielle et constitue la première étape de la préparation de l'argumentation. On voit dans cet exemple qu'une même opinion peut donner naissance, en fonction des publics, à au moins deux angles d'approche différents et du coup à deux catégories d'arguments bien distincts.

Ensuite, il est temps de passer à la *deuxième étape*, qui consiste à réfléchir au type d'argument concret que l'on va utiliser. Là, il s'agit de déterminer avec précision les mots, les tournures et les figures que l'on va employer. C'est le contenu concret de la parole qui doit ainsi être précisé et préparé. Il faut que je sache ce que je vais dire exactement (d'où le terme technique d'« élocution »).

La *troisième étape* consiste à organiser la prise de parole dans le temps. Par quoi dois-je commencer, quels arguments doivent être mis au début et quels autres à la fin. Dans quel ordre vais-je dire ce que j'ai à dire ? Cette question est très importante, car elle conditionne l'efficacité de mon propos, qu'il serait incongru de présenter dans le désordre.

La *quatrième étape* est l'occasion d'anticiper l'action, c'est-à-dire le moment où l'on sera amené à parler concrètement. Les questions qui se poseront alors seront à la fois d'ordre matériel (le micro marche-t-il bien ? l'auditoire est-il installé confortablement ?), liées à l'élocution (quel ton est-il le plus approprié ?) ou à la présentation de soi.

~ ***Il s'agit d'un protocole très ancien ?***

Oui, et il a fait ses preuves. Il a été mis au point dans l'Antiquité, d'où les noms techniques que l'on peut donner à chacune de ces étapes. La première étape s'appelle l'*invention* (*inventio*), car on invente la manière dont on va s'y prendre, l'angle que l'on va choisir, la deuxième l'*élocution* (*elocutio*), car il faut choisir ce que l'on va dire concrètement, la troisième la *disposition* (*dispositio*), car il s'agit de l'ordre dans lequel on va parler, la quatrième, l'action (*actio*).

Nous allons maintenant détailler ces quatre étapes. Il est important de retenir que, comme tout protocole, il ne faut pas passer au stade suivant tant qu'on n'a pas résolu le problème de l'étape précédente. Il est très important de se demander d'abord à qui l'on parle et sous quel angle, avant de réfléchir à des arguments et à leur bonne disposition.

C'est même une erreur très commune que de se demander quels arguments employer, avant même de savoir à qui l'on s'adresse. Les arguments que l'on choisit dans ce cas ont toutes les chances de ne pas être adaptés.

4 *L'invention*

Connaître l'auditoire, inventer un angle, trouver un point d'appui

Commençons donc par le début, la phase d'invention. Celle-ci démarre par une interrogation dont on ne peut jamais se passer en argumentation : à qui est-ce que je parle ? La connaissance de l'auditoire auquel on s'adresse et que l'on cherche à convaincre est essentielle. En effet, comme dans tout « protocole », si l'on ne satisfait pas aux exigences de la première étape, c'est toute la préparation qui risque d'être compromise. Ainsi, on ne doit passer à l'étape suivante que quand la précédente a été suffisamment travaillée.

La nécessité de savoir à qui l'on s'adresse

C'est très souvent en se demandant à qui l'on parle, ce qu'il pense éventuellement du sujet, ce qui est important pour lui, que l'on trouve les ressources qui permettront de le convaincre. Reprenons l'exemple que nous avons laissé en suspens au premier chapitre.

Voici deux amies d'enfance, Julie et Juliette, chacune à peu près heureuse en ménage mais qui voudraient bien convaincre leurs époux respectifs de partager plus équitablement les tâches domestiques les plus quotidiennes. Elles savent qu'elles ne sont pas les seules dans ce cas et qu'il s'agit d'un problème récurrent dans les couples. Mais elles ont décidé de prendre le problème à bras-le-corps et de se soutenir mutuellement. Juliette est l'épouse d'un cadre politique et plus précisément d'un permanent du Parti socialiste. Julie est l'épouse d'un entrepreneur, par ailleurs membre très actif d'un club qui s'est fixé comme objectif de développer et de répandre la pensée libérale, au sens le plus radical.

Jusqu'à présent, nos deux amies ont essayé d'argumenter, mais sans succès. Elles ont pour l'essentiel utilisé des arguments qui les convainquaient, elles, et dont elles avaient longuement parlé ensemble. Toutes les deux trouvaient, en effet, un peu fort de café que leurs maris respectifs ne préparent jamais à manger, se mettent les pieds sous la table et trouvent immanquablement une occupation importante au moment de débarrasser. Quant à s'occuper du linge ou à faire le ménage, leurs responsabilités évidemment très importantes les en dispensaient clairement... Julie et Juliette décident donc de réfléchir ensemble pour trouver des arguments un peu nouveaux, qui auraient quelque chance de succès.

~ ***Que veut dire « des arguments qui les convainquaient, elles » ?***

Chacune d'entre elles a de bonnes raisons, personnelles, d'être convaincue, ne serait-ce que par la lassitude qu'engendre la tâche et peut-être un très léger sentiment d'humiliation et d'injustice. Mais ces deux arguments sont en quelque sorte *à usage interne*. L'idée est ici de trouver des arguments qui convainquent spécifiquement chacun des époux.

L'opinion est la même : il faut partager les tâches domestiques, mais comme les deux maris ont des sensibilités, des valeurs et des représentations du monde différentes, il faut trouver des arguments qui soient adaptés, *spécifiquement*, à chacun d'eux. Les deux femmes décident donc dans un premier temps de s'adresser au mari de Juliette. Au fil de la discussion entre elles, il apparaît rapidement que celui-ci n'est pas simplement un fonctionnaire de son parti, mais qu'il est véritablement attaché à un certain nombre de valeurs, notamment l'égalité. Outre que celle-ci fait partie du fonds commun, sans qu'ils en soient propriétaires, des idées que défendent les membres du parti de gauche auquel le mari de Juliette appartient, il y fait souvent référence personnellement.

Avant ces discussions, Juliette n'avait pas aussi clairement identifié à quel point l'égalité était une préoccupation centrale pour son mari, dans son action personnelle aussi bien que politique. Par exemple, il racontait souvent que, dans les réunions, il attachait une grande importance à ce que chacun puisse parler à tour de rôle avec un temps de parole équivalent. Souvent, il avait évoqué devant elle son admiration pour l'attachement acharné des Athéniens de l'Antiquité à l'égalité.

~ ***Comment Juliette doit-elle faire maintenant ?***

Suite à cette discussion, les deux amies concluent qu'il y a peut-être là une piste à suivre, une argumentation à construire, à partir de ce qu'elles savent au sujet des valeurs que défend celui qu'il faut maintenant convaincre. Juliette décide donc d'entreprendre son mari sur cette base, en choisissant comme angle d'approche de s'appuyer sur son attachement à l'égalité. En substance, elle prévoit de lui dire ceci :

« J'ai réfléchi à ce que tu m'as dit l'autre jour, sur cette réunion où tu étais fâché que quelqu'un prenne trop de place et que

l'égalité des temps de parole n'ait pas été respectée. Je ne m'étais jamais rendu compte que tu attachais autant d'importance à la question de l'égalité, et je trouve cela très bien, mais à ce propos il y a quelque chose dont je voulais te parler depuis longtemps. Je sais bien que tu es très occupé et que précisément tu fais beaucoup pour construire une société plus égalitaire, mais quelque chose me gêne depuis longtemps : je passe beaucoup plus de temps que toi à faire la vaisselle ou le ménage ou encore la cuisine et je trouve que ces tâches pourraient être réparties de façon plus égale. Ce serait peut-être un moyen de réaliser tout de suite cette égalité qui nous tient à cœur. »

Juliette imagine même de lui dire que s'il partageait de façon très équitable des tâches domestiques, il pourrait, comme militant, en faire état au titre de pratique de l'égalité. Elle se rend compte, toutefois, qu'il ne faut pas en faire trop. L'important est que son mari commence à voir le problème sous un autre angle et puisse dire : « C'est vrai, je n'avais pas vu les choses comme ça » et propose de réorganiser la vie familiale sur une nouvelle base. Juliette comprend alors qu'il faut certes lui proposer des arguments, mais surtout, une fois convaincu, lui laisser l'initiative.

Cet exemple montre un point essentiel de la préparation de l'argumentation : connaître l'auditoire. Les bons arguments sont venus presque naturellement de la discussion que Julie et Juliette ont eue au sujet du mari de Juliette, et du fait qu'elles se sont demandé ce qui comptait le plus pour lui. L'angle et les arguments pour le convaincre ont découlé très simplement de ces discussions.

~ ***Mais que faire quand on ne sait rien de l'auditoire ?***

C'est effectivement un problème. Les deux amies ici connaissent bien leurs maris – du moins le croient-elles, car on a vu qu'il leur a fallu travailler encore de ce point de vue –, mais, dans de nombreuses situations, on ne sait pas à qui l'on s'adresse.

Marcel doit appeler demain le chef du personnel d'une entreprise, pour le persuader de recevoir l'un de ses stagiaires afin de l'interviewer. Il ne le connaît pas mais il se doute que, de toute façon, il sera difficile de le convaincre, car son emploi du temps est très chargé. La démarche est importante et il ne faut pas échouer. Mais Marcel se souvient qu'une de ses anciennes connaissances travaille dans la même entreprise. Il prend son téléphone et l'appelle. Il lui explique la situation et lui demande quelques éléments d'information sur le chef du personnel en question. Bien lui en prend. Cette vieille connaissance lui apprend que la personne arrive au bureau très tôt le matin et considère plutôt favorablement ceux qui se lèvent tôt. Marcel l'appelle et lui propose un rendez-vous pour son stagiaire très tôt le matin, « dans ces moments où l'on est tranquille et où l'on est très en forme ». Le chef du personnel accorde le rendez-vous sans problème.

En lui proposant un créneau horaire tôt le matin, Marcel a trouvé rapidement un point d'appui honnête. Il n'a pas recherché une fausse connivence mais a tout simplement tenu compte d'une préférence de son auditoire.

En fait, il y a toujours un moyen de se renseigner, d'une façon ou d'une autre, sur l'auditoire auquel on s'adresse. Tous les conférenciers savent cela. En regardant attentivement, juste avant de parler, les personnes qui occupent la salle, ils peuvent voir à qui ils auront à faire et en déduire la nécessité d'une certaine approche.

Comment choisir un angle d'approche ?

Comme nous venons de le voir, la connaissance de l'auditoire est très importante et permet notamment de déterminer un angle d'attaque. Appelons-le ici plutôt « angle d'approche », car l'argumentation n'est ni une attaque ni une défense, mais un échange et un partage. Choisir un angle d'approche consiste à sélectionner, par rapport à l'ensemble de ce que l'on peut dire dans une situation donnée, ce qui sera le plus pertinent et le plus efficace pour convaincre. Préparer une argumentation, c'est faire le choix d'une approche et en exclure d'autres.

Poursuivons l'exemple de Julie et Juliette. Au fond, il était assez simple de trouver l'angle d'approche qui consistait à s'appuyer sur cette valeur très importante pour le mari de Juliette qu'est l'égalité. Qu'en est-il du mari de Julie qui, on s'en souvient, est quelqu'un qui croit profondément dans les vertus du libéralisme, au point d'en être un prosélyte actif ?

~ *Les arguments qui ont convaincu le mari de Juliette sont-ils utilisables ?*

Tout argument qui mettrait en avant le principe d'égalité serait évidemment un mauvais angle d'approche car l'égalité n'est pas une valeur centrale dans l'idéologie libérale. Il faut donc exclure cette approche. Julie et Juliette, avec la complicité amicale qui les caractérise, doivent réfléchir ensemble, d'une part, à ce qu'est l'idéologie libérale et, d'autre part, aux raisons spécifiques pour lesquelles le mari de Julie y adhère.

Le but de leurs discussions est de trouver un angle d'approche approprié à partir d'une bonne connaissance de l'auditoire. Ce n'est pas si facile car, au fond, l'idéologie libérale, surtout dans sa version la plus radicale, est assez peu connue. Julie se rend compte, à cette occasion, qu'elle sait fort peu de choses sur ce que pense son mari de ce point de vue.

Julie l'a toutefois entendu défendre un jour une idée qu'elle a d'abord trouvée bizarre mais qui est apparue ensuite assez légitime, même si elle ne la partage pas tout à fait. Son mari lui a soutenu que le code de la route ne devrait pas s'appliquer lorsque le conducteur est seul sur la route. Il devrait dans ce cas s'affranchir des limitations de vitesse, ne pas être obligé de s'arrêter au stop ou aux feux rouges, car au fond l'individu doit être libre et responsable de ses actes, tant que ceux-ci ne mettent pas les autres en danger. Elle a aussi souvent entendu son mari dire que l'entreprise est un modèle qu'il faudrait généraliser à toutes les institutions de la société. La sécurité publique, les prisons, les écoles et les universités, les hôpitaux, par exemple, devraient être, selon lui, gérés comme des entreprises, afin de développer l'esprit de responsabilité individuelle.

Julie et Juliette se rendent compte qu'au fond, pour trouver des arguments, il suffit d'écouter ce que disent ceux à qui ils sont destinés. Quand quelque chose est important pour une personne, il faut la prendre au mot. Que disait le mari de Julie ? La société irait mieux si l'individu était plus libre et plus responsable de ses actes, et si chaque activité humaine pouvait être regardée comme une entreprise.

~ *L'angle d'approche se trouve donc là ?*

Oui, l'angle vient de l'écoute. Tout est dans cette dernière phrase : « La société irait mieux si l'individu était plus libre et responsable de ses actes, et si chaque activité humaine pouvait être regardée comme une entreprise. » Elle contient l'angle d'approche idéal pour faire partager au mari l'opinion selon laquelle il faut répartir les tâches domestiques dans le couple.

Construire un angle d'approche consiste donc à partir de ce que l'on sait de l'auditoire pour l'amener vers l'opinion que l'on cherche à lui faire partager. Cet aspect technique est essentiel car on a trop souvent comme représentation de l'argumentation celle d'un acte descendant : j'ai une opinion, je la porte aux autres et ils n'ont qu'à se ranger à mon point de vue. Argumenter, c'est au contraire partir de l'auditoire pour lui proposer de faire le chemin qui le rapproche de l'opinion que je lui propose. C'est un acte ascendant.

~ *Il faut alors beaucoup d'humilité pour argumenter ?*

Oui, il faut surtout *sortir de soi*, se demander qui sont les autres, s'intéresser à ce qui est essentiel pour eux. Un angle d'approche, c'est au fond un pont construit pour relier ces deux continents que sont deux individus. Et le pont doit être construit au bon endroit. Oui, il faut humblement partir de ce qui intéresse l'autre et qui est bien sûr susceptible d'être en concordance avec l'opinion qu'on lui propose.

De toute façon, c'est toujours l'auditoire qui a raison, c'est toujours lui qui choisit de changer ou non d'opinion. Au sens strict, il est seul *juge* et celui qui argumente pour convaincre n'est que l'humble avocat d'une cause.

~ *Mais comment Julie convainc-t-elle son mari, alors ?*

L'angle argumentatif de Julie est tout trouvé. Elle souhaite le partage des tâches domestiques. Partage peut s'entendre ici au sens où chacun est responsable, dans le couple, de ses actes. Si son mari veut manger, alors qu'il se fasse la cuisine, qu'il fasse sa vaisselle. S'il veut que son linge soit propre, qu'il s'en occupe lui-même. Chacun sera plus heureux s'il gère sa vie quotidienne comme une petite entreprise où l'on est responsable de ses actes et de ses affaires personnelles.

~ *Mais cette nouvelle vie de couple n'est peut-être pas celle que Julie souhaitait ?*

Nous touchons là une question fondamentale. Il faut évidemment que Julie soit d'accord avec l'angle et les arguments qui en découlent. Il faut aussi qu'elle sache que, si elle demande un changement chez l'autre, cela impliquera aussi sans doute un changement pour elle. Un couple libéral est un couple où les repas ne sont plus forcément pris en commun, où chacun s'occupe de ses affaires et suit une trajectoire individuelle, qui se rencontre à certains moments.

Julie et Juliette sont d'ailleurs arrivées à un point important de leur discussion : qu'est-ce qu'un couple ? Elles découvrent ce qu'elles savaient déjà : il y a finalement plusieurs définitions possibles.

Se ménager un point d'appui

Dans ce chapitre, nous sommes en train d'explorer la première phase du protocole de préparation, celle que nous avons appelée la phase d'invention.

~ ***Au fait, pourquoi parle-t-on d'invention ?***

C'est un terme en usage dans la rhétorique classique. Inventer veut dire ici « trouver ». Comme nous l'avons vu, il y a trois étapes dans cette phase : connaître l'auditoire, trouver un angle d'approche, puis, plus précisément, comme nous allons le voir maintenant, trouver des *points d'appui*.

~ ***Comment trouve-t-on un point d'appui ?***

Il s'agit d'isoler, dans l'esprit de celui que l'on veut convaincre, un élément, un fait, une croyance, une valeur, afin comme le terme l'indique, de s'y appuyer pour développer une argumentation. Lorsque Julie convoque l'attachement de son mari à l'égalité, cette valeur constitue bien un point d'appui qui sert de départ au raisonnement argumentatif.

On trouve, dans *Les Misérables* de Victor Hugo, un magnifique passage qui illustre bien le fonctionnement du point d'appui en argumentation.

Jean Valjean, devenu vieux, mais encore assez fort et vigoureux, est un jour aux prises avec un petit voyou, nommé Montparnasse, qui, dans la nuit noire, l'agresse brutalement pour lui voler sa bourse. Jean Valjean le maîtrise physiquement, puis l'interroge. « Quel âge as-tu ? Quel est ton état ? Pourquoi voles-tu ? » Le jeune voyou finit par lui avouer qu'il n'aime pas travailler et qu'il est plutôt paresseux. Jean Valjean cherche alors, sur cette base, à le convaincre sinon d'être honnête, au moins de ne plus voler.

On voit bien, dans cet exemple, que Jean Valjean a peu de chances de convaincre le jeune voyou en lui vantant les vertus morales de l'honnêteté. Montparnasse n'a rien à faire de la morale et n'a pas accès à cet univers. Aussi Jean Valjean procède-t-il d'abord en lui posant des questions, en l'interrogeant, pour mieux connaître son état d'esprit. Il apprend ainsi une chose essentielle, le jeune homme est paresseux et n'aime pas se fatiguer. Il va donc choisir de construire son argumentation sous cet angle. Puis il va choisir la *répulsion devant l'effort*, fortement éprouvée par le jeune voyou, comme point d'appui précis pour son argumentation.

En substance, Jean Valjean lui dit ceci : « Tu ne veux pas travailler, tu n'aimes pas l'effort, eh bien vole donc ! Tu iras en prison ou au bagne, et là tu regarderas les travailleurs de l'usine ou des champs comme des gens chanceux, qui font finalement peu d'efforts pour gagner leur vie, alors que toi tu seras condamné à des travaux forcés et là, crois-moi, ce sera très pénible, là tu travailleras pour de bon ! » Victor Hugo, toujours optimiste, nous laisse entendre que le propos commença à faire son chemin dans l'esprit du jeune Montparnasse qui, « pour la première fois de sa vie, pensa ».

On voit que le point d'appui est techniquement un élément auquel l'auditoire est très attaché. Le travail de préparation de l'argumentation a pour objet, dans la phase d'invention, d'identifier ce point d'appui, afin de pouvoir construire, à partir de là, une argumentation.

~ ***Pour convaincre, faut-il toujours avoir un point d'appui ?***

C'est sans doute la méthode la plus centrale et la plus efficace. Un autre exemple peut illustrer cela. Il s'agit d'un cas limite, issu d'une œuvre de fiction, en l'occurrence une scène, incroyable de densité dramatique, extraite du film de Steven Spielberg, *La Liste de Schindler* (sorti en France en 1994).

Oskar Schindler, industriel humaniste mais ne pouvant se déclarer comme tel, cherche à convaincre le chef d'un camp de concentration de cesser de tuer arbitrairement les déportés qui sont à sa merci. Il ne peut guère utiliser des arguments faisant appel à la compassion ou à l'humanité, ce qui le rendrait suspect et serait de toute façon inopérant. Il va saisir l'opportunité d'intervenir un jour où le chef du camp lui livre une réflexion sur la nature du pouvoir, révélant par la même occasion son désir inassouvissable de pouvoir sur les autres.

De cet élément de connaissance que lui livre le chef nazi, Schindler va immédiatement déduire un angle (aller dans la direction d'une réflexion sur le pouvoir) et imaginer comme point d'appui la *soif de pouvoir* de son interlocuteur.

Schindler lui propose d'abord une disjonction entre la justice et le pouvoir, pour ne plus parler que du pouvoir, dans sa variante la plus absolue, celle qui intéresse le chef du camp. Il va ensuite définir le vrai pouvoir, « celui des empereurs », comme la capacité de tuer quand on le veut, mais surtout de gracier, y compris les pires crapules que tout le monde condamnerait. Schindler lui soumet enfin une idée étonnante : on n'a jamais tant le pouvoir que quand on l'exerce de la façon la plus surprenante et la moins ordinaire. Aussi curieux que cela puisse paraître, le chef du camp est momentanément convaincu, car il voit l'occasion, en graciant et en « pardonnant », de ressentir une sensation de pouvoir qu'il n'avait jamais éprouvée avec autant de force… Enfin, il a du pouvoir !

Cet exemple surprenant montre à quel point une argumentation s'adresse personnellement à celui qu'elle veut convaincre. En un sens, une argumentation est toujours originale, car le point d'appui efficace est celui qui est unique et approprié à une personne et à une situation.

~ ***Mais comment le chef du camp a-t-il été convaincu ?***

Pour comprendre cela, il faut partir non du point de vue de celui qui argumente, mais de celui qui doit être convaincu. Le chef du camp a soif de pouvoir, de pouvoir absolu. Il a le sentiment, jusqu'à présent, de se contenter de rendre la justice en punissant les déportés (selon l'idée que se font les nazis de la justice). Il est donc à la recherche d'une catégorie d'action qui soit un véritable et total exercice du pouvoir, au fond le plus arbitraire possible.

Schindler va lui offrir le moyen d'exercer totalement le pouvoir, mais pour cela le chef du camp devra accepter l'option qu'il lui propose, cesser de tuer arbitrairement des déportés. Il va recadrer de façon surprenante l'acte qui consiste à gracier, c'est-à-dire à ne pas tuer ceux qui aux yeux des nazis ne méritent pas de vivre. C'est en effet l'acte le plus inattendu, le plus surprenant, qui va amener celui qui l'exerce à s'imposer aux yeux de tous, y compris de ses pairs.

De nombreuses situations argumentatives fonctionnent sur le même modèle. Il s'agit de dire à celui qui vous menace que, s'il a vraiment le pouvoir, alors il a surtout celui de ne pas l'exercer contre vous ! Et que c'est même là qu'il l'exercera avec le plus de force... Comme le disait en substance Shakespeare, « celui qui a le pouvoir et qui ne l'exerce pas, celui-là est un seigneur ».

Certes on pourrait soutenir qu'il y a là un peu de ruse, mais si c'était le cas, elle serait légitimée par le principe de « légitime défense », en l'occurrence la nécessité de défendre les victimes de la barbarie.

Une stratégie manipulatrice ?

Nous venons de voir l'importance de cette première étape de la préparation de l'argumentation. Il s'agit en fait de nouer un lien social fort, dont le point de départ est une bonne connaissance de l'auditoire, afin de pouvoir prendre appui sur ce qu'il pense ou ce qui l'intéresse.

Une dernière question se pose avant de passer à la seconde étape du protocole, celle de l'élocution : ne s'agit-il pas, malgré tout, d'une entreprise de manipulation ?

Comme nous l'avons vu, le manipulateur s'intéresse aussi, et directement, à son auditoire, dont il cherche à connaître les ressorts profonds pour pouvoir le convaincre à sa manière. Il est en effet troublant pour beaucoup que les mécanismes de l'argumentation et de la manipulation soient aussi apparentés, du moins en apparence.

Beaucoup de gens honnêtes refusent ainsi de préparer une argumentation parce qu'ils ont le sentiment qu'en s'intéressant à l'autre, en cherchant à le comprendre, ils pratiquent une sorte de « viol de la conscience » ou encore, moins dramatiquement, « se mêlent de ce qui ne les regardent pas ».

On voit à cette occasion combien la présence et la permanence effective des techniques de manipulation dans notre environnement « gâte » en quelque sorte le lien social et provoque, par réaction, de la séparation et de la distance sociale là où c'est précisément l'inverse, la discussion, le partage et la connaissance mutuelle, qui serait souhaitable.

~ ***D'accord avec ces orientations différentes, mais est-ce que ce ne sont pas, au fond, les mêmes mécanismes ?***

Non, cela ne se ressemble qu'en apparence. Il faut bien insister sur le fait que celui qui argumente et celui qui manipule n'emploient pas du tout les mêmes méthodes.

L'une des différences fondamentales entre les deux stratégies est que le manipulateur va souvent prendre comme point d'appui un désir ou une idée *avec laquelle vous n'êtes pas en accord*, une opinion minoritaire en quelque sorte, que vous avez contenue, pour de bonnes raisons. Celui qui argumente choisit – et doit choisir – des points d'appui avec lesquels son auditoire est en accord. Deux exemples vont nous montrer la différence.

Jacques est vendeur de voitures chez un concessionnaire automobile. Des stages un peu douteux ont été organisés par son entreprise pour accroître sa force de vente, ses motivations et l'initier à des techniques qui permettraient, comme a dit le formateur, un brin cynique, de « vendre des glaces à des esquimaux en hiver ». Il sait maintenant que tout homme d'une trentaine d'années, jeune père de famille, à la recherche d'une voiture spacieuse pour loger tout son petit monde abrite aussi en lui le jeune homme qu'il fut, qui aurait encore envie d'une voiture de sport un peu « flashy » permettant, disons-le, de frimer un peu. Mais il sait aussi que grandir, avancer dans la vie, c'est savoir accepter ce type de frustration et se conduire en individu responsable.

~ ***Comment fait le vendeur dans ce cas ?***

Jacques dispose de techniques pour voir à qui il a affaire de ce point de vue et ensuite pour prendre appui sur ce que son client tente de refouler. Il va lui servir pour cela toute une gamme d'arguments déjà prêts à l'emploi : « Il faut savoir rester jeune », « Ce n'est tout de même pas votre femme qui décide ! », « La vie est courte, il ne faut pas renoncer à se faire plaisir », « Avec cette voiture, vous serez irrésistible », « Avec une voiture familiale, les copains vont se moquer de vous »...

La manipulation, dans ce cas, consiste à faire prendre à l'autre la mauvaise décision, *celle qu'il n'aurait pas prise de son propre chef*, celle qu'il refoulait au fond de lui et que jusque-là il avait réussi à contenir.

Comme nous l'avons vu, ce n'est pas du tout la même situation, quand, par exemple Juliette prend appui sur cette valeur forte que défend son mari, l'égalité. Son mari est parfaitement en accord avec cette valeur, simplement il n'en avait pas jusque-là mesuré toute la portée.

On le voit, à travers ces deux exemples, la démarche n'est pas du tout la même. Dans un cas, il s'agit de connaître l'autre pour mieux le tromper et l'influencer contre son gré, dans l'autre, il s'agit de lui montrer toute l'étendue de ce à quoi il croit et est attaché.

5 *L'élocution*

Trouver des arguments

L'étape suivante, toujours dans le cadre de la préparation de l'argumentation, consiste précisément à... trouver des arguments. Nous disposons normalement (autant que faire se peut) d'une bonne connaissance de l'auditoire, d'un angle et d'un point d'appui. Mais nous n'avons toujours rien à dire de concret ! C'est le moment de réfléchir à une *mise en parole*, une parole qui soit une déclinaison de l'opinion proposée, en fonction de l'auditoire auquel nous nous adressons.

~ *Pourquoi ne pas avoir cherché des arguments tout de suite ?*

Comme nous l'avons déjà dit, les premiers arguments qui viennent à l'esprit, en général, sont ceux qui convainquent celui qui compte prendre la parole, pas forcément les autres... Il faut d'abord passer par la case où l'on se demande à qui l'on parle, l'efficacité même de l'argument en dépend.

Mettre en argument

Un bon argument inclut un accord de l'auditoire. C'est cet accord, que l'on appelle techniquement un « accord préalable* », qui donne toute sa portée à l'argument. C'est pourquoi un argument n'existe jamais pour lui-même mais toujours en rapport avec le contexte.

On se souvient de la fermeture des magasins Marks & Spencer, en France, en 2001. Cet événement avait suscité une vaste polémique. Brigitte Moutoussay, l'une des représentantes du Syndicat du commerce parisien, s'inquiétait ainsi du sort des salariés de ces magasins : « En présentant le plan ce matin, la direction nous a dit que nous étions tous dans le même bateau. Je leur ai simplement rappelé que lorsque le Titanic *a coulé, seules les premières classes s'en sont sorties* [1]. »

~ ***De quoi cette représentante syndicale veut-elle nous convaincre ?***

Elle s'adresse en fait aux salariés, pour leur dire de ne pas accepter des propos lénifiants comme « nous sommes tous dans le même bateau ». Elle veut les convaincre de *défendre leur propre point de vue* de « petits » salariés, dont les intérêts, selon elle, sont toujours moins bien pris en compte. Son auditoire est clairement ces salariés-là.

On remarquera que, formellement, elle s'adresse à la direction, mais que l'argument vise surtout à convaincre les salariés. C'est le cas de très nombreuses situations d'argumentation, par exemple les débats télévisés qui opposent des hommes ou des femmes politiques pendant les campagnes électorales. Il est clair (on peut peut-être le regretter d'ailleurs) qu'ils ne cherchent pas à se convaincre mutuellement, mais qu'ils s'adressent, en quelque sorte par-dessus l'épaule de leur interlocuteur, aux électeurs, et souvent seulement à une partie de ceux-ci.

---

1 *Le Monde*, 31 mars 2001.

Brigitte Moutoussay utilise ici, techniquement, un argument d'analogie*. Elle va proposer un lien entre ce dont elle veut convaincre (les petits salariés ont un traitement particulier, défavorable) et une situation analogue où un point de vue semblable est déjà accepté par l'auditoire auquel elle s'adresse.

En faisant référence au Titanic, *elle s'appuie sur une scène importante du film de James Cameron, et elle suppose qu'une partie de son auditoire l'a vu (il est sorti sur les écrans français en 1998). Lorsque le navire fait naufrage, les canots de sauvetage, en nombre insuffisant, sont d'abord réservés aux passagers de première classe et les grilles qui barrent l'accès à la sortie sur le pont des passagers de troisième classe sont verrouillées. Même, et peut-être surtout, quand il y a une catastrophe, les privilèges de classe guident les comportements.*

L'oratrice, ici, n'a pas eu besoin de faire de longues phrases. Son argument est très *économique*, comme le sont tous les arguments analogiques*. Il participe d'une bonne connaissance des pratiques culturelles de son auditoire (le film *Titanic* a été vu par un public populaire) et elle s'est appuyée sur une image forte. L'argument est bien choisi et il a toutes les chances de porter, c'est-à-dire de mobiliser son auditoire.

On notera également qu'il s'agit d'un « contre-argument », dans un débat contradictoire. Aux propos jugés lénifiants de la direction, « Ne vous inquiétez pas, nous sommes tous logés à la même enseigne », qui visent une démobilisation syndicale, la représentante du personnel propose un argument opposé.

~ ***Ce qu'invoque la direction de Marks & Spencer est-il aussi un argument d'analogie ?***

Que dit-elle ? « Nous sommes dans le même bateau. » Elle aurait pu dire : « Nous sommes logés à la même enseigne. » Techniquement, comme nous allons le voir, il ne s'agit pas d'un argument d'analogie mais d'un argument de communauté* car il fait appel, non à une image nouvelle, forte, qui surprend, mais à un lieu commun, un proverbe, connu de tous. D'une certaine façon, l'argument est plus faible.

Ce qu'il est important de retenir ici, c'est que la pertinence et la force d'un argument se jugent à la façon dont il s'appuie sur un élément déjà en partie accepté par l'auditoire. Reste alors à l'orateur à renforcer le lien. Le raisonnement qu'il propose à l'auditoire est le suivant :

> *Vous vous souvenez des fameuses scènes de* Titanic *où l'on sauve d'abord les premières classes ? Eh bien, ici, c'est pareil, on sauvera d'abord les premières classes, les cadres auront de grosses indemnités et pas vous. Sauf si vous vous battez...*

~ ***Argumenter, c'est donc construire un raisonnement ?***

Oui, ce n'est pas un raisonnement logique, au sens d'une démonstration, mais un raisonnement argumentatif, avec des étapes qui rapprochent progressivement l'auditoire de l'opinion qu'on lui propose. Il vise à réduire la distance entre les opinions. L'idéal est, stratégiquement, de tout faire pour suggérer le raisonnement afin que l'auditoire le fasse lui-même et ainsi le reprenne à son compte. C'est ce que permet l'analogie, qui est brève, condensée et surtout suggestive. Tous les autres types d'arguments permettent d'en faire autant. Chacun à leur manière. C'est ce que nous allons voir maintenant.

Mais avant, un dernier mot pour introduire cette phase essentielle de la préparation de l'argumentation. Un argument n'est pas une démonstration, tout en étant un raisonnement (il propose en effet de « bonnes raisons »), mais ce n'est pas non plus une figure littéraire. Il faut se méfier comme de la peste, lorsqu'on veut convaincre, des « bons mots » et des figures plaisantes. Ils réjouissent, éventuellement, le public mais ne le convainquent pas. Le bon mot témoigne de la virtuosité de son auteur mais n'est pas adressé à l'auditoire au sens où nous l'entendons ici.

Les familles d'arguments

Comme nous avons commencé à le voir, il y a différentes familles d'arguments. On proposera ici une classification simple, rustique, en principe facile à mettre en œuvre : les arguments qui s'appuient sur une autorité*, ceux qui font appel à des présupposés communs*, à une communauté, ceux qui consistent à présenter, à « cadrer » le réel d'une certaine façon et enfin ceux qui convoquent une analogie.

Cette classification englobe, en les simplifiant, toutes les sortes d'arguments possibles. Ces familles d'arguments sont détaillées dans la suite de ce chapitre. Retenons déjà quelques différences majeures entre elles.

- La famille des **arguments d'autorité** recouvre tous les procédés qui consistent à mobiliser une autorité, positive ou négative, acceptée par l'auditoire et qui adhère à l'opinion que l'on propose ou que l'on critique.
- La famille des **arguments de communauté** fait appel à des croyances ou à des valeurs partagées par l'auditoire et contenant déjà, en quelque sorte, l'opinion qui est l'objet de l'entreprise de conviction.
- Les **arguments de cadrage*** consistent à présenter le réel d'un certain point de vue, en en amplifiant par exemple certains aspects et en en minorant d'autres, afin de faire ressortir la légitimité d'une opinion.
- La famille des **arguments d'analogie** met en œuvre des figures classiques, comme l'exemple, l'analogie à quatre termes ou la métaphore, en les dotant d'une portée argumentative.

Quatre exemples permettent d'illustrer cette typologie.

L'appel à l'autorité : Jib Fowles, professeur à l'université de Houston, veut convaincre du fait que s'opposer à la représentation de la violence à la télévision est un trait détestable de la culture dominante américaine. Il affirme donc :

> *« On retrouve ici l'éternel conflit entre culture d'élite et culture populaire, patriciens contre plébéiens, bourgeoisie contre prolétariat, dominants contre dominés. Les détracteurs de la violence télévisée appartiennent clairement à la strate dominante de la société américaine. Ce sont des élus, des professeurs, des hommes de loi, des universitaires, tous gardiens privilégiés de l'ordre établi*[2]. »

C'est une autorité négative qui est convoquée ici. Puisque les gardiens de l'ordre établi soutiennent cette opinion, elle est donc « mauvaise ».

> *L'ancien ministre des Affaires étrangères Roland Dumas, lors de son procès dans l'« affaire Elf » où il était accusé de recel d'abus de biens sociaux (chaussures de luxe, entretien de sa maîtresse), répliqua pour sa défense : « C'est facile de critiquer la vie privée ! Mais je citerai la Bible : "Que celui qui n'a jamais péché me jette la première pierre", et j'ajouterai cette phrase : "À ces mots, tous se levèrent et s'en allèrent à commencer par les plus anciens*[3]*." »*

Cet argument de communauté s'appuie ici sur une formule type, presque un proverbe. Il s'agit là d'un très ancien présupposé commun, issu de la Bible.

Monique Dagnaud, sociologue et ancien membre du CSA, s'exprimant dans le cadre de la polémique suscitée par la nomination de Dominique Baudis, ancien journaliste mais aussi homme politique, à la tête du Conseil supérieur de l'audiovisuel, utilise un argument de cadrage :

---

2 Cité par Olivier Péretié dans *Le Nouvel Observateur*, 13-19 octobre 1994.

3 *Libération*, 25 janvier 2001.

« Le CSA est une instance dont la culture est désormais forgée à travers ses conseillers et ses services. C'est un univers façonné avec sa dynamique propre. Le président n'a pas de voix prépondérante. Il y a un rôle d'animateur, il peut impulser le débat, mais chaque voix compte[4]. »

Elle défend ainsi l'opinion selon laquelle cette nomination n'a pas l'importance que la polémique lui donne. Le cadrage se reconnaît ici au fait qu'il s'agit d'une description qui insiste sur certains aspects et en minore d'autres : le rôle du président n'est pas si important qu'il y paraît. Il est même présenté comme un « animateur ». Le cadrage est ici une « qualification » du rôle effectif du président.

L'écrivain espagnol Fernando Savater, pour défendre l'idée selon laquelle les militants de l'ETA font régner un tel climat de terreur que beaucoup d'opposants doivent vivre cachés, utilise une analogie frappante :

« Au Pays basque, en pleine Europe démocratique, nous avons actuellement des douzaines de Salman Rushdie. C'est le règne de la peur[5]. »

L'analogie va toujours chercher un élément extérieur, une situation, qui n'a rien à voir avec le cas présenté mais dont on sent bien qu'il établit un lien souterrain fort. L'analogie est ici condensée en une métaphore qui fait des opposants à l'ETA des « Salman Rushdie » (écrivain dont on se souvient qu'ayant écrit un livre jugé hérétique par certains dirigeants islamiques radicaux, il a dès lors été obligé de vivre protégé et caché).

~ *En quoi ces arguments s'appuient-ils sur un accord préalable dans l'auditoire ?*

Jim Fowles s'adresse clairement à la fraction « libérale » de l'opinion en lui disant : « Vous êtes contre les gardiens

---

4 *Le Monde*, 19 janvier 2001.

5 *Le Monde*, 17-18 décembre 2000.

de l'ordre établi ? Ce sont eux qui s'opposent à la représentation de la violence à la télévision. »

L'avocat s'adresse aux juges en rappelant à plusieurs d'entre eux qu'il n'est pas le seul à avoir une vie pleine de turpitudes, et que, peut-être, eux aussi... Ils devraient donc être compréhensifs !

Le cadrage de Monique Dagnaud sollicite ce que nous savons d'une façon générale : aujourd'hui, ce genre de commission travaille plutôt collectivement. La sociologue s'appuie donc sur un point de vue plus général, qui rend ce cadrage singulier plus vraisemblable.

L'analogie de Fernando Savater est puissante : nous sommes tous terrifiés par ce qui est arrivé à Salman Rushdie et, à la réflexion, la situation nous semble bien comparable...

Dans tous les cas, on tient compte de l'auditoire et l'argument est construit de telle façon qu'il s'appuie sur un accord préalable. C'est cela la leçon, l'argument ne doit pas être choisi pour lui-même mais en référence à la situation concrète.

Examinons maintenant plus en profondeur chacun de ces quatre types d'arguments.

L'argument d'autorité

La forme des arguments d'autorité est assez constante : l'opinion qu'on lui propose est acceptable par l'auditoire parce qu'une autorité la soutient et que cette autorité elle-même en est bien une pour l'auditoire. De ce fait, il accepte comme vraisemblable ce que cette autorité lui propose. L'essentiel, dans cette démarche, est de bien choisir l'autorité en question.

Critiquant, dans une interview, les sites de « peer to peer » sur Internet, qui offrent la possibilité de télécharger gratuitement la plupart des CD commerciaux de musique, le président de la

Fédération internationale de l'industrie phonographique, Jay Berman, rappelle que « des artistes, tels Metallica ou Dr Dre, se sont d'ailleurs élevés contre cette prétention à instaurer ce nouveau mode de consommation[6] *». En somme, si Metallica le pense, alors vous qui appréciez ce groupe vous pouvez bien penser comme lui sur ce point.*

Ce faisant, il fait appel à une autorité incontestable pour les jeunes qu'il veut convaincre. Malgré leurs airs et leurs looks très particuliers, ces groupes apprécient de percevoir des droits sur les musiques qu'ils interprètent et ne souhaitent pas voir le modèle économique de la gratuité se répandre. L'argument dissout en outre le point de vue selon lequel dans un certain milieu, excessif et marginal, c'est bien le modèle de la gratuité, et de la copie pirate, qui l'emporterait et que tout cela irait ensemble. On peut avoir un look de pirate et être opposé malgré tout au téléchargement illicite.

Cette autorité est très bien assise pour certains jeunes, mais pour les autres, et les plus vieux, qui n'hésitent pas eux aussi à télécharger gratuitement ? Un peu plus loin dans cette interview, la même personne rappelle opportunément que Beethoven lui-même ne travaillait pas gratuitement... Ainsi, de la musique rock à la musique alternative, une large part du spectre de l'auditoire est couvert. On pourrait imaginer, mais point trop n'en faut, une multiplication des autorités convoquées à l'appui de l'opinion.

De la même façon, dire, comme cette publicité TV canadienne que « XXX est la marque que les dentistes utilisent le plus pour eux-mêmes », c'est invoquer une autorité légitime pour l'auditoire soucieux de la santé de ses dents. Dans les deux cas, l'accord préalable se porte bien sur des personnalités déjà acceptées par l'auditoire.

---

6 *Le Monde*, 20 octobre 2000.

On peut donc citer une autorité négative ?

Oui, on l'a bien vu plus haut avec l'exemple des « gardiens de l'ordre établi », qui sont une autorité négative pour les libéraux et les gens de gauche. Tout ce que pensent les partisans de l'ordre établi est donc par principe disqualifié. Ce type d'argument est souvent utilisé dans le débat politique. « C'est tout à fait le genre de mesures que prendrait Sarkozy », dira l'opposant. Encore faut-il qu'il s'assure que son interlocuteur n'adhère pas du tout à la politique du président !

L'appel à une « autorité négative », ou la contestation du fait que telle autorité en soit une, faute de compétence, d'expérience ou parce que son témoignage n'est pas établi dans de bonnes conditions, est un procédé fréquent en argumentation.

Ainsi, pour critiquer le point de vue sur l'Algérie d'André Glucksmann et de Bernard-Henry Lévy, qui rentraient d'un voyage dans ce pays et constituaient donc *a priori* une bonne autorité pour en parler, François Gèze et Salima Mellah établirent que :

> *« Ce n'est pas lors de voyages organisés et planifiés sous escorte policière qu'on peut recueillir des témoignages fiables » et qu'ainsi « il leur était difficile de "révéler" autre chose que la vérité officielle incriminant les seuls islamistes*[7]. »

Il y a donc différents types d'autorité ?

Oui. On pourrait distinguer, par exemple, trois types de raisonnement d'autorité : par la compétence, par l'expérience, par le témoignage.

L'argument de la *compétence* suppose en préalable une autorité scientifique, technique, morale ou professionnelle qui va légitimer le regard sur le réel qui en découle. L'opinion du professeur de lettres sur la qualité d'un

---

7 *Le Monde*, 23 décembre 2000.

roman, celle de l'ingénieur sur la sécurité d'un barrage auront plus de poids que celle du professeur de lettres sur la sécurité du même barrage ou de l'ingénieur sur le roman.

L'homme compétent bénéficie d'une aura qui renforce ses opinions, même dans des domaines éloignés de ses pratiques. Il peut donc faire fonction d'autorité. Ce qui vaut pour les hommes vaut également pour les institutions, fréquemment invoquées dans les débats argumentatifs.

Édouard Balladur, voulant argumenter en tant que Premier ministre à propos de la réalité de la reprise économique, dira ainsi : « Ce n'est plus le gouvernement qui le dit, c'est l'INSEE et les statisticiens ne font de cadeaux à personne[8]. »

On remarquera qu'il s'agit en fait d'un argument à double détente, d'abord un constat de fait sur les statisticiens, enfin l'appel à leur autorité. Dans le mouvement de l'argumentation qui utilise l'autorité, cela montre bien la nécessité de rappeler à l'auditoire que l'autorité convoquée en est bien une pour lui.

L'argument de l'*expérience* s'appuie moins sur une compétence, toujours suspecte d'être théorique, que sur une pratique effective dans le domaine où l'orateur s'exprime.

« Moi-même, j'ai été mis sur écoute... », déclare l'avocat Jacques Vergès dans une plaidoirie visant à défendre Philippe Mourleau, détective privé qui pose, justement, des dispositifs d'écoute téléphonique illégaux, et d'ajouter que ce n'est pas si grave[9].

Il a donc l'expérience des écoutes (mais pas la compétence) et peut arguer de cette sorte d'autorité. L'ancien combattant pourra appuyer sa dénonciation de la guerre, « qui n'est pas une partie de plaisir », sur l'évocation de telle horreur qu'il y a vécue.

---

8 *Le Monde*, 25 octobre 1994.

9 Cité par Maurice Peyrot dans *Le Monde*, 16 septembre 1995.

Et le témoignage ? Peut-il fonder une autorité ?

Le fait d'avoir été présent à une manifestation, un événement confère une autorité certaine, qui fonde l'argument du témoignage. Un exemple curieux de l'emploi de cet argument est fourni par une scène de la pièce *Henry V*, de William Shakespeare.

Les Anglais sont à Azincourt où, épuisés et en faible nombre, ils doivent affronter l'élite de la chevalerie française, qui leur barre le passage et est bien décidée à anéantir la poignée de survivants qu'ils sont. Henry V s'emploie donc à redonner le moral à ses troupes et à les convaincre qu'ils vont gagner malgré le caractère désespéré de la situation. Le souverain va mettre en scène le témoignage imaginé d'un de ses soldats, devenu grand-père, à son petit-fils, racontant la façon dont, contre toute attente, les Anglais ont battu à plate couture les Français à Azincourt.

Convaincus par la véracité d'une scène qu'ils n'ont pourtant pas encore vécue, les troupes d'Henry V reprennent courage et vont à la bataille en vainqueurs, car ils sont convaincus qu'ils l'ont déjà, d'une certaine manière, gagnée. Il s'agit là, en quelque sorte, d'un « témoignage anticipé ».

Les arguments d'analogie

Comme nous l'avons vu, avec l'exemple du *Titanic*, l'argument d'analogie consiste à établir presque directement une correspondance entre une opinion qui est proposée, qui formera le premier terme de l'analogie, et une situation analogue déjà acceptée par l'auditoire.

Ce type d'argument est puissant, car il contient tout dans un même énoncé : l'opinion, l'argument, l'accord préalable, le point d'appui. Il est condensé, économique, évocateur.

Et l'auditoire dans ce cas ?

Pour que l'argument fonctionne, il est nécessaire que le terme externe proposé pour composer l'analogie soit déjà accepté par l'auditoire, qu'il y ait donc à son sujet un accord préalable. Dans l'exemple de l'analogie entre sportifs et magistrats (*chapitre 1*), les Athéniens, qui étaient de grands sportifs, voyaient tout de suite de quoi il ressortait.

Mais, à l'inverse, dire « Sois stratège comme Napoléon l'était » risque fort d'être une injonction sans efficacité sur celui qui considère l'empereur comme un dictateur détestable qui a dévasté une partie de l'Europe. On ne contestera pas qu'il faille être stratège, ou que Napoléon l'était, mais l'exemple propose un rapprochement qui ne convient décidément pas et qui risque même d'être contre-productif (en refusant « d'être » Napoléon, on refusera d'être stratège, ce à quoi on était pourtant convié...).

Il faut donc accepter la comparaison ?

Oui, et c'est là une particularité de cet argument, il faut un deuxième accord de l'auditoire, en l'occurrence que celui-ci accepte de faire le pont entre les deux termes proposés. Car, au départ, il n'y a pas de rapport, à proprement parler, entre les termes de l'analogie.

Mais en même temps, il s'agit d'un raisonnement qui lie deux zones du réel. L'une fait l'objet d'un accord préalable, l'autre est formée par l'opinion que l'on propose à l'adhésion. Ici, on suppose, voire on invente un lien entre deux zones.

Ainsi, si je soutiens que « tout le monde, en Amérique, peut faire fortune », je peux, pour convaincre, utiliser un argument par l'exemple qui énoncerait que Bill Gates (l'une des plus grandes fortunes américaines) ou Steve Jobs « étaient des jeunes gens partis de rien et sont maintenant milliardaires ».

Bill Gates et Steve Jobs représentent ici des exemples potentiellement généralisables (ce qui ne signifie pas que tout le monde deviendra milliardaire, mais que tout le monde peut le devenir, ce qui n'est pas la même chose). Dans un premier temps, on rappelle un fait connu (ces deux hommes sont des milliardaires) et on le place en « posture de généralisation ». Le fait est qu'ils sont milliardaires, l'argument consiste à énoncer que ce qu'ils ont fait est réalisable par d'autres. Derrière Bill Gates et Steve Jobs, en filigrane, il y a l'idée que tout Américain est potentiellement un milliardaire.

L'argument par l'exemple met donc en œuvre une analogie (au sens large) entre « tout le monde en Amérique » et les individus Bill Gates et Steve Jobs, promus au rang d'exemples. Le lien tissé ici entre chaque Américain et ces deux-là en particulier ne relève pas d'une déduction, mais plutôt d'un pont jeté au-dessus du précipice qui sépare ces deux personnalités de tout autre Américain.

Mais il y a en eux « quelque chose » qui permet d'établir une correspondance, invisible mais reconnue par l'auditoire, avec chaque Américain. Le pont jeté entre deux zones du réel ne se justifie ainsi que parce qu'il permet de passer d'une rive à l'autre.

~ ***Il y a sans doute différents types d'arguments analogiques ?***

On sera en effet amené, sur un plan technique, à faire une distinction, dans ces processus de mise en rapport analogique, entre plusieurs types d'arguments : l'*analogie* proprement dite, la *métaphore* et l'*exemple*.

Notons d'emblée, à propos de l'analogie et de la métaphore, qu'il ne s'agit pas des figures de style qui portent le même nom dans un cadre d'expression littéraire ou poétique, bien distinctes du mécanisme argumentatif. Dans le cas présent, la métaphore ne nous intéresse que lorsqu'elle se place en posture de convaincre.

De plus, nous employons ici le terme « analogique » au sens le plus large. Il sert à désigner le fait que l'opinion que l'on veut défendre peut être mise « en rapport » avec une réalité, qui, elle, est admise par l'auditoire (techniquement, on parle du « thème » pour désigner l'opinion à défendre, et du « phore » pour désigner la réalité de comparaison).

~ ***Toutes les analogies ne sont donc pas des arguments ?***

Non, parce qu'elles ne sont pas toutes au service de la défense d'une opinion. Ainsi, énoncer que « la vieillesse est à la vie ce que le soir est au jour » est une très jolie formule mais pas un argument. Nous sommes en effet tous d'accord avec le fait que la vieillesse est la fin de la vie, ou que le soir est la fin de la journée. Condensée, cette analogie donnera la métaphore suivante : le « soir de la vie », pour parler de la vieillesse, mais, là encore, nous sommes dans la littérature ou dans la poésie, pas dans le champ de l'argumentation, où l'on se demande toujours : de quoi veut-on convaincre ?

La métaphore, qui est une analogie condensée, est un argument lorsqu'elle sert à convaincre.

> *Pour argumenter des difficultés de fonctionnement du Tribunal pénal international pour l'ex-Yougoslavie (TPIY), le journaliste Bertrand Poirot-Delpech parle, à propos de la traduction simultanée passant par des écouteurs, de « menottes mentales » (« S'il est vrai que toutes les décisions internationales se prennent désormais à l'aide de traductions simultanées, que dire d'une justice passée au filtre des écouteurs, ces menottes mentales [10] ? »)*

La figure, qui pourrait être littéraire, est ici dotée d'une large portée argumentative. De la même façon, pour nous convaincre du fait que nous sous-estimons l'impact du sida en Afrique, qui frappe massivement les jeunes, Éric Fottorino utilise la métaphore d'une « seconde traite ».

---

10 Bertrand Poirot-Delpech, *Le Monde*, 16 mai 2001.

« Comme une Afrique qu'on enlèverait à l'Afrique [11] », ajoute-t-il.

L'argument suppose préalablement connu et accepté le fait, mis en évidence par des anthropologues comme Georges Balandier, que la traite des esclaves pendant au moins deux siècles a représenté un traumatisme sans précédent pour l'histoire de cette région et a privé pour longtemps l'Afrique de ses forces vives et de toute possibilité de développement.

La recherche d'une analogie pour entraîner l'adhésion, et sa forme la plus extrême qu'est la métaphore, est probablement le plus fragile et le plus puissant des raisonnements argumentatifs. La métaphore, comme l'analogie, tire sa force de sa nouveauté. Répétée, elle s'affaiblit, s'endort ou devient un lieu commun, un banal argument de communauté. On ne compte plus les innombrables « Y a-t-il un pilote dans l'avion ? », comme dans l'intervention de Robert-André Vivien, critique de la politique de Nicolas Sarkozy, alors ministre de la Communication, au cours d'un débat à l'Assemblée nationale à l'occasion de la grève des journalistes de la radio publique : « Y a-t-il un pilote dans l'avion de l'audiovisuel public [12] ? »

Des formules trop standardisées, même si elles sont une bonne analogie au départ, risquent de perdre un peu de leur vigueur argumentative, comme la très répandue formule qui évoque la « chair à canon ».

Geneviève Guicheney, médiatrice à France Télévision et ancien membre du CSA, indique ainsi, à propos de l'émission de jeu « Loft Story », que « la question posée est l'utilisation de personnes ordinaires pour alimenter des émissions de télévision et dont on fait une sorte de chair à canon médiatique [13] ».

---

11 Éric Fottorino, *Le Monde*, 10 novembre 1994.

12 Cité par Alain Salles, *Le Monde*, 30-31 octobre 1994.

13 *Le Monde*, 16 mai 2001.

L'analogie gagne-t-elle à être concrète ?

Sans doute. Pour convaincre leurs lecteurs que l'homme a bien été créé par Dieu (ce qui ne constitue pas une évidence dans le contexte de l'époque), les rédacteurs de la Bible utilisent fréquemment des analogies avec le travail technique du potier.

Dieu aurait façonné l'homme dans la glaise comme l'artisan façonne le pot de terre. Le phore est ici cette réalité connue et acceptée, selon laquelle la création est un façonnage de matière malléable, selon un plan déterminé mais aussi dans un corps à corps avec le concret.

Le thème, ce dont on veut convaincre, c'est-à-dire l'opinion, est qu'il y a un rapport semblable entre l'homme comme créature et son créateur. L'analogie a tout à gagner à frapper l'imagination, à provoquer un effet de surprise, vecteur qui permet d'emporter la conviction.

Ainsi, luttant contre la violence à la télévision et rappelant qu'avant d'avoir fini l'école primaire, un jeune Américain y aura vu 8 000 meurtres, Major Owens, membre du Congrès américain, propose de considérer que « s'il s'agissait de 8 000 actes sexuels, nous ne laisserions jamais faire la télévision[14] ».

L'accord préalable ici concerne assez spécifiquement tout un pan de l'opinion publique américaine que l'on sait assez puritaine (quelqu'un a dit un jour qu'aux États-Unis il était acceptable dans un film de voir une main couper un sein, mais pas le caresser...).

Les analogies les plus efficaces sont celles qui cherchent leur phore à la fois assez loin et... assez près.

Le représentant de la Confédération paysanne dans les Côtes-d'Armor, René Louaille, a ainsi soutenu que « les farines animales sont à la production laitière ce que l'EPO est au cyclisme. Je n'exclus pas qu'un fabricant peu scrupuleux ait utilisé

14 Cité par Olivier Péretié dans *Le Nouvel Observateur*, 13-19 octobre 1994.

> *sciemment des farines animales dans l'alimentation des bovins après 1990*[15] *».*

Encore plus près mais un peu plus littéraire, Éric Dupin a construit une analogie entre la maladie de la « vache folle » et l'état de l'opinion à ce sujet :

> *« Le fameux "principe de précaution" ne va pas sans risques. Accommodé à toutes les sauces, il est porteur d'une sorte de démocratie spongiforme… Nerveuse et agressive, la vache folle manifeste une hyperexcitabilité et maîtrise de moins en moins ses mouvements. Imprégné à l'excès des humeurs et des peurs de l'opinion, notre système démocratique ne souffre-t-il pas d'un fâcheux dérèglement des comportements*[16] *? »*

L'analogie ne fait-elle pas trop appel à une culture que l'auditoire ne possède pas forcément ?

L'analogie puise, le plus souvent, dans un fonds culturel commun, comme lorsqu'un journaliste suggéra, par-delà les siècles, une analogie entre la maison de Guise et les collaborateurs du régime de Vichy comme René Bousquet :

> *« Il porte des cols de fourrure sous l'Occupation comme les Guise une fraise au temps des massacres de protestants*[17]*. »*

La formule doit être manipulée avec précaution, et l'on doit s'assurer que le public auquel on l'adresse connaît un peu cette période de l'histoire et ses particularités vestimentaires (notamment la collerette qu'est la « fraise »).

L'une des questions majeures dans la pratique de l'argumentation est celle de la culture générale. Il faut en permanence s'adapter au niveau culturel de l'auditoire, sous peine que les arguments perdent de leur portée et aussi que leurs auteurs apparaissent trop pédants ou à l'inverse incultes.

---

15 *Le Monde*, 16 novembre 2000.

16 Éric Dupin, *Libération*, 10 novembre 2000.

17 Laurent Greilsamer, *Le Monde*, 10 novembre 1994.

~ *À côté de l'analogie et de la métaphore, quel est déjà le troisième argument ?*

Il s'agit de l'argument par l'exemple. Comme nous l'avons vu à propos des milliardaires américains, on induit d'un cas particulier transformé en cas « exemplaire » le fait qu'il soit facilement généralisable. L'exercice n'est pas toujours simple : vouloir convaincre une personne sans abri, errant dans les rues de New York à la recherche d'une pitance, que dans ce pays « tout le monde peut devenir milliardaire » peut sembler confiner à l'ironie ou à la cruauté.

Quoi qu'il en soit, l'emploi de l'exemple pour convaincre est fréquent, au point que l'on observe souvent cette séquence curieuse dans une situation d'argumentation, où quelqu'un, voulant faire partager une opinion à un auditoire, ajoute : « Prenons, par exemple... », et se met à chercher *illico* un exemple qu'il n'avait pas jusque-là à sa disposition...

Cette situation montre bien comment l'usage de l'exemple est perçu comme pratique, efficace et souvent plus spontané que réfléchi. L'exemple est différent de l'analogie, même si les deux types d'arguments ont en commun d'aller chercher un élément étranger à l'opinion proposée, que l'on va mettre en rapport avec elle.

L'exemple a une simplicité, une immédiateté que n'a pas l'analogie : « Pourquoi ne pas libéraliser la consommation de cannabis, la Hollande l'a fait et ce n'est pas catastrophe. »

Ainsi, alors que le président Chirac était mis en cause par un groupe de députés socialistes dans le cadre d'« affaires » politico-financières, Patrick Devedjian, qui fut l'avocat de Jacques Chirac, argumenta ainsi l'immunité :

> *« Dans toutes les démocraties, les titulaires de l'exécutif bénéficient de procédures particulières. Cela avait été le cas pour le président Clinton dans l'affaire Lewinsky* [18]. »

---

18 *Le Monde*, 26 mai 2001.

Bill Clinton est considéré comme un exemple (et non une autorité) et il n'est pas question de « filer » l'exemple, sauf à mettre en rapport ce dont serait accusé éventuellement Jacques Chirac et les aventures extraconjugales de l'ex-président des États-Unis. Déborder du cadre de l'exemple serait ici maladroit. L'exemple doit être manié avec précaution, comme dans l'histoire du père qui dit à son fils peinant à faire ses devoirs : « À ton âge Napoléon était premier de sa classe », s'attirant la réplique : « Au tien, il était déjà empereur. »

Les arguments de cadrage

Le cadrage du réel, utilisé comme argument, implique une nouveauté, un déplacement, un autre regard. C'est un argument qui redéfinit le réel d'une façon, pour le dire tout net, *qui nous arrange* et qui va dans le sens de l'opinion que l'on propose.

Un bon exemple de cette démarche argumentative nous est fourni par Tom Sawyer, le jeune héros de Mark Twain :

Tom est puni et doit blanchir à la chaux une vaste clôture en bois. La perspective du travail manuel à effectuer le dérange moins que le regard que ses camarades de jeu vont porter sur lui. Aussi le jeune garçon déploie-t-il vis-à-vis d'eux une stratégie visant à les convaincre qu'il ne s'agit pas d'un « travail » mais d'une activité plaisante et valorisante qu'on n'a pas tous les jours l'occasion de faire. Comme le dit Mark Twain, « l'affaire parut alors sous un jour nouveau ». Ses camarades s'empressèrent non seulement de l'approuver, mais de l'aider et certains allèrent jusqu'à lui payer une dîme pour pouvoir le faire.

Cette catégorie d'arguments implique une nouveauté pour l'auditoire, une autre façon de voir les mêmes faits.

En 1977, Robert Badinter, défendant Patrick Henry qui risquait la peine de mort, entreprit de mettre les jurés devant leur responsabilité. Ils ne décidaient pas simplement d'une peine abstraite.

Leur choix entraînerait une réalité, la mort par guillotine, qu'ils ne voulaient peut-être pas voir de près. Aussi argumenta-t-il, avec succès, en insistant sur le fait que « guillotiner, ce n'est rien d'autre que prendre un homme et le couper, vivant, en deux morceaux », en ajoutant : « À vous de décider si Patrick Henry doit être coupé vivant, en deux, dans la cour de la prison [19]. »

L'argument de cadrage est probablement l'un des tout premiers à être utilisés comme outil rhétorique dans l'Antiquité. Quelle que soit la forme qu'il prend, il met en œuvre toujours le même principe : amplifier certains aspects qui méritent de l'être dans la réalité que l'on présente et minorer d'autres aspects.

« Les malades sont au Sud, les médicaments au Nord [20] », déclare Bernard Kouchner à propos du sida, défendant par un cadrage approprié son opinion sur l'inégalité fondamentale dans ce domaine. Il minore ainsi qu'il y a aussi des malades au Nord (mais la plupart sont soignés) et des médicaments au Sud (très peu en proportion du désastre).

~ ***Mais c'est de la manipulation de ne pas présenter les faits objectivement ! N'est-ce pas là « tordre le réel » ?***

La question est souvent posée et elle est très importante. On peut faire une réponse de fond. L'argumentation, justement, ne vaut que pour les situations – très nombreuses – où il n'y a pas un seul réel possible, mais où l'interprétation, le point de vue jouent un rôle particulièrement important.

Lorsque l'ordre des faits est une évidence, lorsqu'une description objective est possible, nous ne sommes plus dans l'espace de l'argumentation mais dans celui de l'information ou de la science. Mais que penser de la

---

19 Robert Badinter, *L'Abolition*, Fayard, Paris, 2000, p. 84.

20 Cité par Daniel Cohen dans *Le Monde*, 13 septembre 2000.

possibilité de condamner un homme à mort dans une procédure judiciaire ? Y a-t-il une seule manière de voir la chose ?

Certes, la manipulation est toujours possible dans ces situations. Elle implique qu'au lieu de minorer, on cache, ou qu'on présente une description argumentative comme une description objective, non discutable.

~ *Comment doit-on faire alors pour rester dans le champ de l'argumentation ?*

L'argument de cadrage nécessite que son destinataire sache *toujours* qu'il s'agit d'une manière de voir les choses parmi d'autres possibles, même si l'on pèse de tout son poids pour la défendre. Il implique aussi, concrètement, que l'on ne dissimule pas les aspects que l'on minore. Ainsi Tom, dans l'exemple précédent, ne cache pas qu'il a été puni mais il attire l'attention sur le fait qu'à cette occasion on lui a confié un travail qui implique un certain plaisir et une certaine responsabilité.

~ *Comment peut-on cacher une partie de la réalité ?*

Prenons l'exemple d'un cadrage légèrement manipulateur. Certaines forces de maintien de l'ordre, y compris en France, sont dotées de munitions dites « balles en caoutchouc » pour, le cas échéant, tirer sur des manifestants. Cette dénomination a été clairement inventée pour convaincre le public qu'il s'agissait là de munitions finalement assez inoffensives. L'association de la « balle » et du « caoutchouc » suggère quelque chose d'enfantin et rappelle les jeux des jours heureux. Sauf qu'il s'agit en fait de billes d'acier, enrobées d'une mince couche de plastique durci, et qui sont tirées à l'aide d'un fusil. On ne compte plus, de par le monde, les victimes de tels projectiles, mortes ou gravement blessées. Le cadrage, ici, minore tellement cet aspect qu'il est caché. Ce n'est plus un argument, c'est un propos manipulateur.

~ ***Comme pour les autres types d'arguments, il y en a sans doute plusieurs variétés ?***

Oui et nous n'allons pas tous les passer en revue, l'important est d'en comprendre le principe. On évoquera ici trois catégories d'arguments de cadrage, qui sont les plus courantes, la *définition*, l'*association*, la *dissociation*.

La définition, que l'on appelle techniquement la « définition rhétorique », consiste à définir plus largement la situation dont on parle, à la construire de telle façon qu'elle soit acceptée par l'auditoire, et à y inclure l'opinion que l'on propose. Celle-ci, du coup, s'impose « naturellement ».

La définition peut prendre la forme d'une interrogation : « Qu'est-ce que peindre une clôture pour des garçons comme nous ? » demande en substance Tom. « Qu'est-ce que guillotiner quelqu'un ? » demande l'avocat hostile à la peine de mort. Ces questions sont une manière d'introduire une définition en forme de réponse.

> *Lors du procès où il était jugé pour une tentative d'attentat contre un TGV, Boualem Ben Saïd avait évoqué son « combat » pour justifier ses actes. « Qu'est-ce qu'un combat ? » s'était alors écrié maître Holleaux, avocat des parties civiles, et d'ajouter cet argument de cadrage : « Les parties civiles ne peuvent admettre la définition du combat que nous livre Boualem Ben Saïd. Un combat, c'est un face-à-face, et si possible à armes égales. Il n'y a pas de combat entre celui qui pose une bombe sur les rails d'un TGV et celui qui prend ce TGV pour aller travailler*[21]. »

Dans le même ordre d'idées, José Bové se demande : « Qu'est-ce que la fièvre aphteuse ? » Son objet n'est évidemment pas de faire une réponse médicale ou

---

21 *Le Monde*, 17 novembre 2000.

scientifique, donc objective, mais bien de définir globalement une situation pour développer son opinion, une critique du système productiviste agricole. Il répond donc par une définition rhétorique :

> *« C'est la crise d'un système de production qui va nécessiter de la part de l'Europe une réflexion approfondie sur le système d'agriculture qui a été mis en place en Grande-Bretagne mais qui se généralise malheureusement partout en Europe*[22]. »

Il ne s'agit donc pas de proposer une définition objective d'un phénomène, mais bien d'insister sur l'aspect qui semble le plus déterminant pour le caractériser. Avec la définition, nous ne quittons pas le domaine de l'argumentation, qui est celui des choix possibles.

Certains orateurs, comme l'avocat Jacques Vergès, sont coutumiers de l'argument de définition, qui constitue souvent, il est vrai, un solide appui.

> *Interrogé en 1992 sans complaisance, mais avec intérêt, par Jean-Louis Remilleux sur sa « sympathie pour des gens qui posent des bombes, [...] pour des assassins », Jacques Vergès répond : « Échappons à la tyrannie des mots. "Terroristes", c'est ainsi qu'on appelle les amis de Carlos. C'est un mot qui a été inventé par les Allemands sous l'Occupation. » Plus loin, il ajoute : « Le terrorisme est l'arme désespérée de résistants désarmés [...], l'attentat n'est pas un acte commis par un fou dans l'inspiration du moment. Un attentat est l'affleurement d'une contradiction, d'un conflit. Il pose une question politique. Les poseurs de bombes sont en fait des poseurs de questions. »*

La définition proposée ici fait appel à un lexique qui recadre le problème dans un contexte connu, celui de la Résistance pendant la Seconde Guerre mondiale (on créditera Jacques Vergès d'avoir oublié, ou de ne pas savoir, que le mot était déjà utilisé pendant la Révolution française).

---

22 *Le Monde*, 6 mars 2001.

~ ***Qu'est-ce alors qu'un argument par association ?***

Le cadrage du réel s'obtient également en opérant des regroupements, des rapprochements inédits.

« Le tabac est une drogue dure » : l'argument regroupe dans un même ensemble deux ordres de réalité. Du coup, la proposition, avec laquelle l'auditoire est probablement d'accord, selon laquelle la consommation de drogues dures n'est pas vraiment souhaitable, se transfère par association au tabac. Ce nouveau cadrage rend la consommation de tabac peu souhaitable...

Lors du procès de Maurice Papon, accusé d'avoir apporté un concours actif à l'arrestation et la déportation de 1 500 Juifs sous le régime de Vichy, le criminologue Michel Dubec tenta de construire une association inédite, dont le résultat, s'il était accepté, disqualifiait l'accusé :

> « *Il existe un genre de criminels que définissent les caractéristiques suivantes : ils sont intelligents, polis et présentent bien ; ils exercent une grande séduction et, surtout, ils n'ont aucune haine à l'égard de leurs victimes. Ce sont les tueurs en série. Ce qui frappe à leur approche est la froideur du contact. N'ayant éprouvé aucune haine préliminaire, ils ne connaissent pas la culpabilité. [...] Le tueur en série n'a pas de lien personnel avec la victime. Il la distingue par un seul signe, qui peut être une chevelure blonde ou n'importe quoi d'autre. Il ne la hait pas car au préalable il la dépersonnalise*[23]. »

Encore faut-il que l'association parte, dans l'auditoire, d'un accord préalable clairement acquis. Lorsque le terme associé, qui sert d'appui, ne rencontre que peu d'écho, la portée argumentative de l'association est diminuée d'autant. Lorsque le député Robert Pandraud, lors du débat sur l'enseignement de la langue corse et dans l'intention de s'y opposer, rappelle que « dans les régiments d'infanterie de 14-18, quand beaucoup de soldats ne parlaient que

---

23 *Le Monde*, 18 novembre 1997.

le dialecte, le commandement avait les pires difficultés à se faire obéir [24] », il prend le risque d'invoquer une référence qui apparaîtra comme trop ancienne à toute une partie de l'auditoire.

~ *Si l'association associe, qu'en est-il de la dissociation ?*

À l'inverse du rapprochement, de l'association ou de tout ce qui agrège différents éléments, on trouvera effectivement les techniques de dissociation. La dissociation des notions est une méthode de cadrage du réel qui, à partir d'une notion qui renvoie habituellement à un seul et même univers, permet de le « casser » et de générer deux univers distincts, comme dans le débat sur la dépénalisation du cannabis

« Il faut distinguer, absolument, entre les drogues dures et les drogues douces. » Dans ce débat, que l'on ne tranchera évidemment pas ici, pour les uns, la drogue est une notion globale, qui recouvre indistinctement haschisch, cocaïne, amphétamines, LSD, héroïne, etc. Le fait qu'il s'agisse d'un seul et même ensemble fonde l'argument souvent entendu du passage fréquent d'un produit à l'autre : « Quand on a fumé du hasch, on passe à l'héroïne. »

Pour les autres, une distinction s'impose absolument entre « drogues dures » et « drogues douces » (la dissociation s'accompagne d'une qualification « dure »/« douce », qui compense cependant mal le fait que le même terme de « drogue » reste le référent dans les deux cas).

Les premiers excluent du champ des drogues l'alcool et le tabac, alors que les seconds entendent les y inclure et pas forcément dans la catégorie des « drogues douces ». Les autorités hollandaises se sont faites, on le sait, les avocats ardents de cette dissociation en libéralisant la vente et

---

24 Débat à l'Assemblée nationale à propos de la langue corse, 28 mars 2001 (*Le Monde*, 30 mars 2001).

l'usage des drogues douces, tout en traquant avec vigueur les drogues dures.

Dans cette affaire, le choix d'une notion globale ou d'une dissociation est essentiellement argumentatif, puisqu'il ne s'appuie sur aucune classification scientifique utilisable dans l'espace public. On voit bien ici comment la dissociation recadre un problème en le diffractant au sein de deux univers de référence. C'est bien ce que fait le député Alain Madelin lorsqu'il décrit en 1995 à sa manière toute libérale la question du chômage :

> *« "Combien de chômeurs ?" est la première question qu'Alain Madelin pose aux maires qu'il rencontre, "Combien de vrais chercheurs d'emploi ?" est invariablement la seconde qui lui vient aux lèvres* [25]*. »*

Ce type d'argument peut porter, comme le montre le résultat de l'examen de la demande de libération conditionnelle de Patrick Henry, où son avocat Thierry Lévy avait proposé une disjonction argumentative, pour ne retenir qu'un seul des deux aspects :

> *« Le dossier de Patrick Henry est exceptionnellement bon et nous avons toutes les raisons objectives d'aboutir si la volonté du législateur est respectée. Mais il y a deux affaires Patrick Henry : l'homme qui a été condamné pour meurtre et est incarcéré depuis vingt-cinq ans et le symbole médiatique de l'assassin qui a échappé miraculeusement à la peine de mort. [...] Patrick Henry serait en liberté depuis longtemps si le pouvoir politique avait su se montrer indépendant de l'opinion* [26]*. »*

On voit ici clairement que la disjonction, si elle est acceptée par l'auditoire, entraîne un véritable choix entre deux termes qui jusque-là étaient confondus.

---

25 Cité par Cécile Chambraud dans *Le Monde*, 7 octobre 1995.

26 *Le Monde*, 31 mars 2001.

L'usage de la dissociation est, évidemment, toujours discutable. Faut-il condamner les œuvres du philosophe Heidegger sous prétexte qu'il a été nazi et ne s'est guère repenti par la suite ? Cette question renvoie à la dissociation possible entre l'homme et son œuvre, thème plus général.

Traditionnellement, notre culture admet qu'il s'agit d'un tout et que l'homme ne fait qu'un avec son œuvre. Ceux qui apprécient la philosophie heideggérienne, tout en désapprouvant l'engagement politique de l'homme, recourront, pour recadrer le réel, à une telle dissociation. D'autres pourront trouver que, de toute façon, l'œuvre est marquée au fer rouge des choix idéologiques de son auteur. L'homme et ses travaux, dans cette perspective, sont indissociables.

Peut-être plus difficile à mettre en œuvre que les autres types d'arguments, l'argument de cadrage, qu'il s'agisse de la définition, de l'association ou de la dissociation, ou encore des multiples variantes qu'autorise le cadrage, n'en est pas moins une ressource argumentative puissante.

Les arguments de communauté

Les arguments de communauté sont eux aussi largement utilisés pour convaincre. Ils peuvent être particulièrement efficaces, notamment dans tous les cas où une communauté de pensée et d'action préexiste clairement entre l'orateur et l'auditoire.

Nous avons déjà rencontré cet argument lorsque Juliette rappelle à son mari son attachement à une valeur, l'« égalité ». Dans cet autre exemple, un collègue demande conseil sur la conduite à tenir :

« Que me conseilles-tu, demander rendez-vous pour mon affaire au directeur ou à son adjoint ? – Au directeur bien sûr ! – Mais pourquoi donc ? – C'est simple : il vaut mieux s'adresser au Bon Dieu qu'à ses saints. »

Il s'agit, comme on le voit, de faire appel à des présupposés communs, sorte de connaissances ou de croyances largement partagées, ici le proverbe, et en général acceptées par tous : « Il vaut mieux s'adresser au Bon Dieu qu'à ses saints. » L'appel à des présupposés communs mobilise un « effet de communauté », qui fait de cet ensemble une famille d'arguments somme toute assez conservatrice dans ses effets, puisque mobiliser une valeur pour argumenter contribue à la renforcer. Jouer à l'excès de cet effet peut rendre le propos « démagogique » et ainsi faire sortir l'action de convaincre du champ de l'argumentation.

~ ***Quels sont les « présupposés communs » habituellement utilisés en argumentation ?***

On en distingue techniquement trois types, les *opinions communes*, les *valeurs*, les « *lieux* ».

L'opinion « communément admise » est souvent déposée dans des proverbes, formules et maximes, comme « Il ne faut pas mettre tous ses œufs dans le même panier », ou encore, comme nous l'avons vu avec la plaidoirie de Roland Dumas, « Que celui qui n'a jamais péché... »

Ces formules, un peu éculées, peuvent néanmoins entraîner une certaine adhésion, dans des circonstances particulières. De nombreux proverbes ou images viennent à l'appui d'argumentations diverses, comme « la grenouille, qui veut se faire aussi grosse que le bœuf » (popularisée par les *Fables* de La Fontaine). De même Daniel Cohn-Bendit puise-t-il dans ce fonds pour critiquer les autorités britanniques concernant l'Europe : « Les Anglais veulent le beurre et l'argent du beurre, l'Europe et pas l'Europe[27]. »

27 Entretien sur *Arte*, 8 décembre 2000.

Ces proverbes sont souvent très anciens, comme le fameux « il y a un temps pour tout ». L'argument est issu de l'Ecclésiaste, long texte écrit aux alentours du IIe siècle avant J.-C., emprunt de sagesse et tout entier construit sur ce balancement : il y un temps pour vivre, un temps pour mourir, etc.

Pour argumenter le fait que, malgré les promesses électorales à long terme, il avait fallu augmenter massivement, à court terme, le prix de l'essence à la pompe en 2000, Lionel Jospin, Premier ministre d'alors, déclarait : « Il y a un temps pour tout, un pour résoudre des difficultés immédiates, un autre pour respecter un programme ; un pour préparer des échéances politiques internes et un autre pour agir dans le strict cadre de la solidarité gouvernementale [28]. *»*

~ *Peut-on réellement convaincre avec cela ?*

Cela dépend de la situation, mais par exemple si le maire d'une grande ville a prélevé 1 000 euros dans la caisse publique pour ses dépenses personnelles, on pourra lui opposer avec force « Qui vole un œuf, vole un bœuf. » 1 000 euros, dans cette perspective, c'est le même geste que s'il avait pris 10 000 ou même 100 000 euros. L'argument de communauté, ici, n'est pas dénué de portée.

S'il touche immédiatement et sans difficulté l'auditoire, c'est que tout le monde connaît ces proverbes et ces formules et qu'on leur attache, à tort ou à raison, une certaine validité. Il est facile de prendre appui sur eux pour convaincre, mais cette facilité est aussi parfois une fragilité qui fait que cet argument peut rarement être utilisé comme seule ressource d'un exposé argumentatif.

Plus solide est l'argument qui s'appuie sur les valeurs. Lorsque le porte-parole de la Ligue contre la violence routière déclare : « Toute mesure qui permet de sauver des vies

---

28 Cité par Pascale Robert-Diard dans *Le Monde*, 9 septembre 2000.

est une bonne mesure », il mobilise de façon forte une valeur commune, ici la vie.

Les valeurs qui peuvent servir d'appui à l'argumentation sont nombreuses mais aussi fluctuantes, selon les groupes, les pays, les cultures et les périodes historiques. La nature a longtemps été un repoussoir. Depuis une trentaine d'année, en Occident, c'est devenu une valeur essentielle. La publicité, par exemple, l'utilise massivement pour promouvoir des produits de consommation présentés comme moins artificiels.

Même chose pour le travail, valeur longtemps négative (les aristocrates ne travaillaient jamais) et qui a connu une inversion d'appréciation au XXe siècle. L'égalité, la liberté, plus prosaïquement la santé sont des valeurs très présentes. La patrie, la fidélité, l'honneur ne sont plus systématiquement en vogue. L'individu, l'épanouissement individuel, est en train de devenir une valeur très importante, au détriment sans doute de ce qui est collectif.

Il convient donc de s'assurer que l'auditoire auquel on s'adresse partage bien la valeur qu'on lui propose comme point d'appui. Notons enfin que la question des conflits de valeurs est un élément important des débats argumentatifs. Par exemple, est-on libre de ruiner sa santé ? Dans le débat sur la légalisation de la drogue, on pourra opposer deux valeurs : d'une part, la santé, valeur concrète et fortement valorisée dans nos sociétés, et, d'autre part, la liberté, valeur abstraite qui est au fondement de nos démocraties. L'État ayant vocation de préserver la santé publique, peut-il pour cela prendre des mesures qui restreignent les libertés ?

~ *Est-ce qu'une valeur, ce n'est pas trop abstrait ?*

Comme nous l'avons vu avec l'exemple de Juliette et de son mari, il est important de montrer que, même lorsque la valeur est très abstraite, l'adhésion à celle-ci a des implications et des ramifications très concrètes. L'égalité, c'est aussi partager les tâches domestiques.

Il existe même des « super valeurs », très utilisées en argumentation, et que techniquement on appelle les « lieux ».

« Lieux », comme dans les « lieux communs » ?

Exactement, sauf que le lieu commun est un lieu très dégradé, banalisé. Un lieu est une croyance en un principe très général.

On distinguera par exemple le lieu de la qualité, souvent opposé au lieu de la quantité.

Ainsi, dans un discours à l'Assemblée nationale, Nicolas Sarkozy, alors ministre de la Communication, répond de la façon suivante aux reproches que lui adresse le député Robert-André Vivien de ne pas intervenir assez rapidement dans le règlement de la grève des journalistes de la radio publique : « Ce qui compte ce n'est pas le temps qu'on met pour s'en sortir, mais la façon dont on s'en sort[29]*. »*

Ce lieu de la qualité s'est « dégradé » dans le proverbe qui énonce : « Mieux vaut moins mais mieux. » C'est lui qui est mobilisé lorsqu'on dit, par exemple, qu'il ne sert à rien d'avoir de nombreux agents de la force publique dans la rue alors que quelques-uns, mieux employés, permettraient d'obtenir un meilleur résultat.

Quels sont les grands lieux sur lesquels s'appuie l'argumentation ?

On en distingue essentiellement trois : le lieu de la quantité, le lieu de la qualité, le lieu de la symétrie. Le lieu de la quantité est celui qui énonce, par exemple, que si une majorité de gens pensent dans cette direction, alors cette direction a de fortes chances d'être la bonne. En somme, il

---

29 Cité par Alain Salles, *Le Monde*, 30-31 octobre 1994.

s'agit de dire, à l'appui d'une opinion : « Tout le monde la partage, pourquoi pas vous ? » Là où le lieu de la qualité insiste sur ce qui est unique et original comme critère de préférence.

Un des lieux peut-être les plus caractéristiques de la société occidentale, probablement lié à son héritage démocratique grec, est le lieu de la *symétrie*, dont l'égalité, comme valeur plus concrète, est dérivée. Ce lieu conditionne fortement notre exigence de réciprocité dans toute une série de situations concrètes. Le jeu de mots à portée argumentative qui énonce : « Il est incompréhensible que la mendicité puisse être un délit dans une société où la charité est une vertu » illustre bien le principe de la symétrie. Il vient à l'appui, ici, de l'opinion selon laquelle la mendicité devrait, bien sûr, être considérée comme légale et normale, puisque nous sommes attachés à la charité comme valeur. Le lieu de la symétrie est particulièrement visible dans l'exemple ci-dessous, emprunté au débat sur la violence à la télévision et où Kathleen McConnel, chercheuse à l'université du Maryland fait l'observation suivante :

> « *Les villes de Detroit (Michigan) et Windsor (au Canada), qui ont poussé de part et d'autre de la même rivière, reçoivent exactement les mêmes programmes télévisés. Or la criminalité à Detroit est quatorze fois plus élevée qu'à Windsor. Même chose pour Chicago et Toronto* [30]. »

L'opinion défendue par cette chercheuse est que ce n'est pas la représentation de la violence à la télévision qui provoque la violence dans la vie quotidienne. Elle va donc prendre l'exemple d'une ville américaine, Detroit, dont on dit que la criminalité, comme dans le cas des autres villes américaines, est provoquée par des programmes télévisés violents. Or, si la télévision était cause de violence d'un

---

30 Cité par Olivier Pérétié dans *Le Nouvel Observateur*, 13-19 octobre 1994.

côté du fleuve, elle devrait l'être également de l'autre, c'est-à-dire dans la ville canadienne de Windsor, « comparable » sous certains aspects. Le recours au lieu de la symétrie vient à l'appui de l'idée selon laquelle la télévision n'est pas une cause de la violence dans la société.

Dans le débat, important, dramatique et de plus en plus actuel sur l'euthanasie, l'un des arguments utilisés en faveur de sa légalisation est le suivant :

> *Il faut que l'on ait le droit d'aider à se suicider une personne qui le demande et qui est incapable de le faire elle-même, par exemple, parce qu'elle est totalement paralysée, car l'interdiction du suicide assisté viole le droit à l'égalité. En effet, ceux qui veulent se suicider et qui en sont physiquement capables, eux peuvent le faire.*

On voit bien qu'il vient chercher en nous, comme base de l'argumentation, notre attachement au principe de réciprocité, d'égalité, c'est-à-dire au lieu de la symétrie. On constate donc que l'argument de communauté, sous toutes ses variantes n'est pas dénué d'efficacité argumentative.

La manipulation par amalgame

Une partie des techniques de manipulation, notamment celle que nous avons appelée plus haut la « manipulation cognitive », s'appuie sur un véritable détournement de l'argument. L'auditoire croit avoir affaire à un argument, qui le laisse libre, alors que, dans les faits, il est confronté à un énoncé manipulatoire qui n'a que l'apparence de l'argument. Prenons l'exemple de l'*amalgame*.

L'amalgame est une figure centrale de la manipulation cognitive. Il constitue, selon les cas, un détournement de l'analogie ou du cadrage, notamment du cadrage par association, parfois de l'argument d'autorité.

De très nombreux amalgames, construits comme une analogie, vont chercher un phore repoussant et tentent ainsi de discréditer une opinion.

~ ***Pourquoi est-ce de la manipulation ?***

Parce que, le plus souvent, l'exemple ou le cadrage choisis, d'une part, n'ont *rien à voir* avec le contexte dans lequel se déploie l'opinion, et, d'autre part, parce qu'ils sont choisis pour leur caractère particulièrement *choquant* et *spectaculaire*. On ne convainc donc pas, dans ce cas, avec un argument, mais avec un *effet*.

Quelqu'un qui voulait s'opposer aux actions des défenseurs des animaux, notamment sur la question du gavage des oies, et donc les disqualifier, osa dire la chose suivante : les premiers à avoir établi une législation s'opposant au gavage des oies étaient... les nazis, en 1936. Cette personne suggère ainsi, par amalgame et sans véritable raison, d'une part, que c'est une mauvaise loi (puisque adoptée par les nazis), d'autre part, que les défenseurs des animaux ont à voir, d'une certaine façon, avec les nazis. Outre le fait que l'information est fausse, car c'est la République de Weimar, bien avant la prise de pouvoir par les nazis, qui a pris une telle mesure, l'énoncé est totalement manipulateur. Il est certes susceptible de convaincre, mais pour de biens mauvaises raisons.

Ce type d'amalgame se trouve dans des contextes extrêmement variés. Ainsi Mike Moore, alors directeur général de l'Organisation mondiale du commerce (OMC), fit l'amalgame suivant :

> « *[...] l'extrême gauche et l'extrême droite [qui] se sont unies dans les rues contre la mondialisation. Elles l'avaient fait pour la dernière fois dans les années 1930 contre la démocratie décadente*[31]. »

---

31 *Le Monde*, 26 mai 2001.

À l'autre bout de l'échelle sur ce sujet, Lori Wallach, présidente de l'association Global Trade Watch et militante antimondialisation, proposa un autre amalgame :

> « *Avant [le libéralisme], chaque communauté pouvait avoir sa propre politique. Aujourd'hui, c'est le règne du commerce* über alles[32]. »

L'analogie avec cette période a en effet beaucoup de succès, comme en témoigne Marc Blondel, qui compare le CARE (contrat d'aide au retour à l'emploi) au STO (service du travail obligatoire, créé par le régime de Vichy). La référence est également largement utilisée outre-Atlantique : l'Agence de protection de l'environnement est, par exemple, qualifiée par un député texan de « Gestapo du gouvernement[33] ».

Dans le même esprit, l'association, sur un modèle familier à l'extrême droite, que fait Jacques Peyrat, maire de Nice, à propos des manifestants contre le sommet de Nice à l'automne 2000 est clairement un amalgame :

> « *Ces gens qui nous empoisonnent à longueur de temps, qui ne travaillent pas, ces feignants, ces paresseux, ces trublions, ces révolutionnaires... ce sont les mêmes méthodes, les mêmes gens qui ont fait basculer l'Allemagne nazie en 1933*[34]. »

Le nazisme représentant dans notre culture de l'après-guerre la figure du mal absolu, il n'est pas étonnant que certains cherchent, d'une part, à mobiliser un accord préalable de ce côté-là et, d'autre part, à construire un énoncé destiné à convaincre sur cette base. La plupart du temps rien ne justifie l'association proposée et l'exemple est bien trop loin de la situation. Mais l'émotion qu'il suscite spontanément permet en quelque sorte de réduire cette

---

32 Cité par Patrice de Beer, *Le Monde*, 30 juin 2000.

33 Cité par Dominique Durand, *Le Canard enchaîné*, 25 avril 2001.

34 *Libération*, 15 décembre 2000.

distance trop grande et de jeter un pont artificiel entre l'opinion et l'énoncé utilisé pour convaincre.

Le procédé peut paraître excessif et peu efficace, mais ceux qui se sont déjà fait traiter de « nazi » en public peuvent témoigner que la situation n'est pas aussi simple qu'il y paraît. Il reste que le procédé est bien techniquement manipulatoire et éthiquement détestable.

La difficulté est qu'il n'y a pas une rupture nette entre association argumentative et amalgame. Le passage de l'un à l'autre se fait le long d'un espace continu où les bornes ne sont pas faciles à poser. De plus, ce qui est une association simplement considérée comme illégitime et sans fondement par une partie de l'auditoire peut avoir un fort effet manipulateur sur une autre partie de cet auditoire.

Ainsi, lorsque le documentariste Claude Lanzmann parle du « *cameraman* arabe d'une chaîne française [35] » à propos de Talal Abou Rahmed, employé local du bureau de France 2 en Israël, ayant filmé en direct la mort du petit Palestinien Mohamed à Netzarim en 2000, s'agit-il d'une association convaincante de la partialité du reportage, qui fut longuement débattue, ou d'un amalgame ? Tout dépend sans doute ici de l'auditoire.

---

35 *Le Monde*, 2001.

6 *La disposition*

Savoir faire un plan

La parole pour convaincre est intimement liée à sa capacité de se déployer dans un plan. Non seulement il n'y a pas de parole sans plan, mais la parole elle-même se déroule et se dispose dans le temps et l'espace. Cette réalité constitutive de la parole est incontournable, malgré toutes les illusions, considérablement répandues, de la « spontanéité de la parole » ou encore de son « instantanéité ».

Cécile a souvent soigneusement préparé ce qu'elle avait à dire, c'est-à-dire qu'elle sait, grosso modo, quels arguments utiliser. Le problème est qu'au moment de parler c'est toujours la même chose : elle dit les choses dans le désordre, finit par bafouiller, et rapidement on ne l'écoute plus. L'autre jour, dans une réunion où deux avis contraires, dont le sien, s'opposaient, elle a vu, complètement sidérée, son adversaire du moment commencer son exposé en disant : « J'ai trois arguments à vous proposer » et les déployer de façon bien ordonnée. En plus, il avait commencé son propos par une phrase qui avait captivé tout le monde, avant de rappeler clairement l'idée qu'il souhaitait voir partagée. Du coup, elle a été presque convaincue elle-même du contraire de ce qu'elle défendait pourtant avec acharnement. Elle se demande encore ce qui s'est passé.

Toute prise de parole a un début et une fin. Elle se déploie dans une succession d'étapes dont l'ordre n'est pas indifférent. La maîtrise de cette *disposition* est souvent une condition de succès, ou d'échec, de la parole tenue. C'est pourquoi l'étape de la disposition, après celle de l'invention (de l'angle et du point d'appui) et de l'élocution (la mise en argument) est une partie essentielle du protocole de préparation de l'argumentation.

Il est donc nécessaire de savoir par quoi l'on commence, par quoi l'on termine, et dans quel ordre on présente ce que l'on a à dire. Un discours bien ordonné a toujours beaucoup plus de chances d'être entendu et de convaincre.

~ ***C'est donc avec le plan que l'on convainc ?***

Oui et non. Un bon plan ne suffit pas pour convaincre mais, sans plan, on est à peu près sûr de ne pas y arriver.

Des constructions inadaptées

Il est nécessaire, avant même de détailler ce qu'est le « plan argumentatif* », de lever une ambiguïté. Avoir un discours ordonné est indispensable pour convaincre, mais tous les plans ne sont pas bons à utiliser. Or il se trouve qu'à l'école, au collège et au lycée, et, pour certains, à l'université, nous avons appris une manière d'ordonner ce que nous avons à dire qui n'est finalement pas très efficace pour argumenter.

On y apprend notamment le plan de la *dissertation*. Celui-ci comprend une introduction, en entonnoir, qui permet de passer du général au problème particulier que l'on veut traiter, ensuite il y a le temps de la thèse, où en principe on défend avec acharnement son idée, mais il y a immédiatement après l'antithèse, où l'on est paradoxalement chargé de découdre tout ce que l'on vient de faire. Vient ensuite la synthèse qui est un mélange du pour et du contre. Et enfin la conclusion, qui va du particulier au général dans une sorte d'entonnoir inversé.

~ *Pourquoi le plan de la dissertation n'est-il pas utilisable en argumentation ?*

C'est sans doute un bon plan pour peser le pour et le contre, pour explorer une question, en lettres ou en philosophie. Il faut simplement faire la démonstration que l'on sait tout sur une question, indépendamment d'ailleurs du public auquel on s'adresse. *Ce n'est en aucun cas un plan qui permet de défendre une opinion, de la faire partager par autrui, et donc de convaincre un auditoire.*

~ *Il faut donc y renoncer ?*

Absolument. Utiliser la séquence « introduction-thèse-antithèse-synthèse-conclusion » dans une prise de parole destinée à convaincre est à peu près le plus sûr moyen de ne pas y parvenir. C'est une des graves erreurs à ne pas commettre dans ce domaine.

Ce plan n'est pas du tout adapté. Il brouille le point de vue que l'on veut défendre, ne s'adresse pas en particulier à ceux que l'on peut convaincre, et celui qui l'utilise a même peu de chances d'être écouté. Pourtant, comme c'est le plan que nous avons appris à l'école pour ordonner notre parole, nous avons tendance à l'utiliser spontanément.

~ *Existe-t-il d'autres plans ?*

Oui, il y a un autre plan dont nous sommes familiers car nous lisons les journaux ou nous écoutons des bulletins d'information à la télévision et la radio. C'est le plan journalistique. Il a pour objet de nous informer, pas de nous convaincre. Il présente des faits, mêmes si ceux-ci sont toujours plus ou moins interprétés et sélectionnés.

Le plan journalistique consiste donc à mettre en tête l'information essentielle, puis à la décliner de plus en plus dans le détail. C'est un bon plan mais il n'a rien à voir avec un plan pour convaincre.

Il y a aussi, pour ceux qui ont fait des études de droit, celui que l'on appelle le « plan juridique ». Il prévoit deux parties, elles-mêmes subdivisées en deux sous-parties, avec une solide introduction et une solide conclusion. Inutile de dire que celui-ci est adapté à l'exploration et au traitement de certaines questions juridiques, mais qu'il n'a, lui non plus, rien à voir avec l'argumentation.

~ ***Il y a donc bien un plan spécifique pour convaincre ?***

Oui, c'est le plan argumentatif*. Il est incontournable et de toute façon très pratique. Ce plan est le même depuis l'Antiquité. C'est le signe qu'il est efficace et qu'il correspond bien à la situation vivante de l'argumentation.

Observez ceux qui prennent la parole, avec succès, pour convaincre, soit à l'écrit soit à l'oral. Ils utilisent tous le même type de plan. Il présente le propos dans un ordre qui permet de bien faire circuler la parole entre l'orateur et l'auditoire, de mieux la faire passer.

Le plan argumentatif, un instrument efficace

La parole est un flux temporel. Elle a un début, un milieu, une fin. Dans la culture classique de l'argumentation, la prise de parole comporte quatre parties :

- Elle commence par l'exorde*, moment où l'on tente de capter l'attention de l'auditoire et de s'attirer sa bienveillance.

- Elle se poursuit par une phase dite d'« exposé de l'opinion* » (*narratio*). De quoi parle-t-on ? Quel est l'enjeu du débat ? Et, surtout, quelle est l'opinion que je défends ?
- Elle passe par le moment proprement dit de l'argumentation (appelée « *confirmatio** » en rhétorique). Il s'agit là du cœur du processus, où l'on expose les bonnes raisons qui soutiennent son opinion.
- Enfin, pour terminer, on conclut par une péroraison*, qui cherche à ramasser de façon synthétique ce que l'on a dit, voire à proposer, comme dernière parole, une formule frappante pour l'auditoire, sorte d'exorde à l'envers, destinée à maintenir l'attention sur ce qui a été dit, alors même que la parole ne s'exerce plus.

Exorde, exposé de l'opinion, argumentation, péroraison constituent aujourd'hui, dans toutes les situations où il faut convaincre autrui, les quatre parties intangibles du plan argumentatif.

∼ ***Mais pourquoi faut-il suivre cet ordre particulier ?***

Ces quatre parties suivent une sorte d'ordre « naturel ». Quand on prend la parole, il y a toujours un moment où l'on commence à parler et un moment où l'on s'arrête de parler. Nous sommes là dans une réalité presque physique.

Ces deux étapes naturelles sont mises ici à profit. Pourquoi ne pas s'en servir en effet pour assurer à la parole une attention et une écoute plus soutenues encore, et pourquoi ne pas utiliser l'écho de la dernière parole tenue pour tenter de la faire résonner dans l'esprit de l'auditoire alors même que le silence est revenu, ou que d'autres paroles ont commencé ? L'exorde et la péroraison sont un développement systématisé de phases naturelles de la parole.

Après l'exorde, qui permet d'avoir l'oreille de l'auditoire, mieux vaut lui dire tout de suite ce dont on veut le convaincre et énoncer clairement son opinion. Là aussi, c'est une sorte d'ordre naturel, qui donne une priorité à ce qui est le plus important : ce dont je veux parler. Ensuite seulement vient le temps de l'argumentation proprement dite.

~ *Ne peut-on pas donner d'abord les raisons et seulement après l'opinion ?*

Oui, dans certains cas, cela crée un effet de suspense intéressant. Mais il faut que l'opinion défendue ne soit pas cachée et qu'elle soit au minimum implicite. On remarque que certaines techniques de manipulation, telles celles que nous avons observées au deuxième chapitre, procèdent par étape et font accepter des petites choses qui obligeront à en accepter de plus grandes, jusqu'à l'opinion finale, qui, elle, était *cachée* et n'est énoncée qu'à la fin. L'exemple suivant illustre ce qui sépare l'argumentation de la manipulation, jusque dans le choix du plan.

> *Si je veux convaincre quelqu'un de me donner dix euros et que je lui demande d'emblée, je risque d'essuyer un refus, même si j'invoque de bonnes raisons après avoir demandé cette somme. Par contre, le manipulateur demandera d'abord un euro, puis une fois obtenu cette petite somme, en demandera une plus grande, par exemple dix euros. On sait que dans ce cas, même si l'auditoire est en désaccord, il se sent engagé par ce premier geste et a tendance à céder, souvent à contrecœur. De nombreux vendeurs à la sauvette, par exemple de « cartes postales pour les handicapés » ou de « livrets de poésie réalisés par des étudiants en arts », recourent avec succès à cette méthode.*

À l'inverse, le plan argumentatif ne cache rien et expose l'essentiel immédiatement après l'exorde : « C'est de cela que je veux vous convaincre. » La manipulation se sert du plan pour cacher ce qu'elle veut obtenir par la ruse.

Le plan argumentatif*, que l'on appelle aussi le « plan rhétorique », est honnête, simple, rustique et… efficace. Prenons l'exemple de l'intervention de l'abbé Pierre sur les ondes de *Radio-Luxembourg* le 1er février 1954, qui est à l'origine de la fondation des compagnons d'Emmaüs. Voici la retranscription de la courte prise de parole de celui qui était alors un jeune prêtre indigné du sort des personnes sans abri. Elle est très classiquement ordonnée.

~ ***L'abbé Pierre a donc construit son discours ?***

Bien sûr. Et de façon très efficace. Cela n'exclut ni l'honnêteté ni l'authenticité. Le découpage qui est proposé ici fait apparaître clairement les quatre parties de cette prise de parole, particulièrement bien construite sur un plan argumentatif.

[1] *« Mes amis ! Au secours !*

[2] *Une femme vient de mourir gelée cette nuit, à trois heures du matin sur le trottoir du boulevard Sébastopol, serrant sur elle le papier par lequel avant-hier on l'avait expulsée. Chaque nuit, ils sont plus de 2 000, recroquevillés sous le gel, sans toit, sans pain, plus d'un presque nu.*

Écoutez-moi, deux centres de dépannage viennent de se créer. Ils regorgent déjà, il faut en ouvrir partout.

[3] *Il faut que ce soir même, dans toutes les villes de France, dans chaque quartier de Paris, des pancartes s'accrochent sous une lumière, dans la nuit, à la porte des mieux lotis, où il y ait couvertures, paille, soupe, et où on lise « Centre fraternel de dépannage. Toi qui souffres, qui que tu sois, entre, dors, mange, reprends espoir, ici on t'aime ».*

La météo annonce un mois de gelées terribles. Tant que dure l'hiver, que ces centres subsistent.

Devant leurs frères mourant de misère, une seule volonté doit exister entre les hommes, rendre impossible que cela dure.

Pour venir en aide aux sans-abri, il nous faut pour ce soir, et au plus tard demain, 5 000 couvertures, 300 grandes tentes, 200 poêles catalytiques.

Rendez-vous des volontaires, ce soir à 23 heures devant la montagne Sainte-Geneviève.

[4] *Grâce à vous, aucun homme, aucun gosse ne couchera ce soir sur l'asphalte ou sur les quais de Paris. Merci.* »

L'exorde [1] sert ici clairement à attirer l'attention par un léger effet dramatique (tout comme l'est la situation des sans-abri).

L'exposé de l'opinion [2], contextualisée, se détache aussi nettement : « Il faut ouvrir partout des centres de dépannage. »

L'argument central [3], la *fraternité*, que l'abbé Pierre ne présente pas comme une valeur seulement chrétienne, mais universelle, vient ici proposer une bonne raison d'adopter l'opinion.

La péroraison [4], enfin, évoque le problème comme s'il était résolu, créant ainsi un effet de réel.

Il est difficile de faire plus « carré ». Ce discours, qui dure tout au plus une minute trente, a frappé les auditeurs, puisque des centaines voire des milliers de personnes ont répondu à l'appel. Nul doute que ce plan, bien construit, n'ait joué un rôle dans le caractère convaincant du propos.

~ ***C'est pourtant très court !***

Oui, mais cet exemple nous enseigne deux choses. La première est qu'il n'y a pas besoin, forcément, de faire long pour convaincre. L'abbé Pierre n'a pas développé une longue démonstration, mais une argumentation courte, saisissante et convaincante. La deuxième leçon est que, même si la prise de parole est courte, il faut qu'elle soit soigneusement ordonnée.

L'exorde : capter l'attention, demander l'écoute

La réflexion sur l'exorde est l'une des plus anciennes préoccupations de la rhétorique. On prête à Corax, l'un des tout premiers professeurs d'argumentation, le fait de l'avoir inventé, il y a 2 500 ans. S'il faut capter l'attention de l'auditoire, c'est qu'il ne vous écoute pas spontanément et que la parole est tributaire de l'écoute dont elle est l'objet.

Lorsque, par exemple, un petit groupe d'amis est en discussion, il arrive que quelqu'un tente de prendre la parole sans succès. Les autres continuent leurs échanges et ses efforts restent vains, personne ne lui accorde la moindre attention. Cette expérience de parler sans avoir ni le silence ni l'attention ni l'écoute, nous l'avons tous faite un jour. Dans ce domaine, il n'en est pas de plus cruelle, ni de plus humiliante.

Chercher à convaincre suppose une distance entre l'orateur et l'auditoire. Ne pas avoir le même point de vue sur un thème donné contraint l'acte argumentatif à aller chercher assez loin un auditoire qui, souvent, ne souhaite pas être convaincu d'autre chose que ce qu'il pense déjà sur la question.

En argumentation, l'exorde est un pont jeté d'une rive à l'autre d'un précipice, une échelle de corde lancée dans le vide. La parole n'est pas attendue, parfois même elle n'est pas la bienvenue. L'exorde est comme un grappin, qui, s'il est mal accroché, fera basculer l'édifice tout entier. L'orateur ne tient souvent qu'à un fil et l'exorde a intérêt à être solide.

Être convaincu ne répond souvent à aucune demande initiale. L'exorde est aussi un moyen de créer cette demande, de faire considérer qu'elle pourrait être légitime. Elle donne à l'auditoire de bonnes raisons d'écouter la suite.

~ *C'est ce que fait l'abbé Pierre dans son discours ?*

« Mes amis, au secours ». L'entrée en matière de l'abbé Pierre vaut à la fois demande d'écoute et demande d'attention pour les sans-abri, les deux étant ici indissolublement liées.

L'attention flottante que les auditeurs accordaient à l'émission s'est cristallisée en un instant, figée en une écoute attentive. Voici que la voix inconnue parle, avec des mots simples et directs, des sans-abri qui dorment à même le sol, de l'hiver rigoureux, du fait que nous sommes tous frères et qu'il faut agir avant ce soir. Il donne des instructions précises : apporter des couvertures, de la nourriture en quelques points précis de Paris. Rapidement, des milliers d'appels téléphoniques bloquent les standards de la radio. Le mouvement des compagnons d'Emmaüs est né. L'abbé Pierre a capté l'attention de l'auditoire en quelques mots. Il a ouvert les cœurs et les esprits à la condition de ceux qui dorment dans la rue.

Parler, c'est demander humblement qu'on veuille bien vous écouter, vous prêter une oreille que l'on espère attentive. Toute prise de parole a un début, un développement et une fin. Mais si elle n'a pas de début, elle n'aura ni développement ni fin. Toute parole est ainsi contenue, d'une certaine façon, dans son début, l'exorde.

~ *Peut-on rater l'exorde ?*

De trop nombreuses prises de parole commencent directement, sans exorde, sans demande motivée d'écoute.

Une jeune enseignante, responsable de la formation, et qui devait me présenter pour la première fois aux nouveaux étudiants dont j'allais animer le séminaire, entra dans la salle alors que les auditeurs étaient en train de s'installer, certains encore debout devant leur table. Sans plus attendre, elle commença à parler. Le brouhaha général ne cessa pas, ce qui ne l'empêcha pas de continuer à parler, de se présenter elle-même, de décliner mes qualités, les bonnes raisons que j'avais d'être là et l'excellent cours que j'allais leur faire. Je n'en demandais d'ailleurs pas tant. Lorsqu'elle eut fini, les étudiants eurent eux aussi fini de s'installer et se disposèrent enfin, car ils étaient courtois, à écouter. C'est à ce moment que ma collègue, ayant terminé sa prise de parole leur dit au revoir et prit la porte. Je dus évidemment tout recommencer et me présenter moi-même, ce qui n'est jamais une tâche aisée. À la fin de la séance, l'un des étudiants fit référence à la « secrétaire » qui était passée au début du cours, mais pour quoi faire au juste ?

Voilà comment une prise de parole ratée, du fait de ne pas avoir obtenu l'attention, transforme, dans l'esprit de l'auditoire, la responsable de la formation en une « secrétaire » (encore que de nombreuses « secrétaires », dans cette situation, se seraient fait écouter, n'ayant pas d'autre choix que l'autorité de leur parole).

Connaissant cette jeune collègue, je sais bien la force qui l'a fait aller dans le sens contraire : sa difficulté à prendre la parole en public, qui lui a fait se dispenser de tout exorde. Elle s'était fixé pour objectif de dire ce qu'elle avait à dire, ce qu'il faut dire lorsqu'on présente un collègue. Là est l'erreur. L'objectif dans son cas aurait dû être non pas de dire ce qu'elle avait à dire, mais de *faire entendre* ce qu'elle avait à dire et donc d'abord de capter l'attention.

Chez certains, une telle attitude, qui consiste à ne pas s'assurer de l'attention de l'auditoire, confine à l'orgueil. « Ils n'ont qu'à m'écouter ! Ce que j'ai à leur dire est si important ! »

~ *Que faut-il faire pour commencer à être écouté ?*

Les orateurs qui ont un peu d'expérience savent qu'un des moyens possibles pour obtenir l'attention, lorsque le point de départ est un brouhaha de l'auditoire, est d'attendre soi-même calmement, sans rien dire, que le silence se fasse de lui-même, ce qui finit en général par arriver. Cela peut prendre un peu de temps mais finalement personne ne s'en rend compte. Pour beaucoup de gens, l'interaction commence à partir du moment où ils commencent à écouter.

L'important en la matière est de se placer en posture de *demander l'écoute* et non de la supposer acquise ou de l'imposer. Se taire, comme début de prise de parole, place l'auditoire dans la situation la plus naturelle qui soit pour lui : celle où il décide du moment de son écoute. Cette posture rétablit la symétrie fondamentale de la situation de parole.

~ ***Comment fait-on pour garder l'attention de l'auditoire ?***

L'attention n'est jamais acquise une fois pour toutes. Aussi poignant soit-il, le discours de l'abbé Pierre par lequel nous avons commencé ce chapitre est ponctué, une fois situés les faits, d'une nouvel et direct appel à l'attention : « Écoutez-moi », demande-t-il au milieu de son propos. Il sait que l'oreille menaçait de s'éloigner : « Encore une histoire de sans-abri. » Il faut donc veiller à ce que l'auditoire « garde l'écoute », en dépit de la perte de concentration progressive qui est le lot de toute situation de parole.

L'exorde se trouve formellement au début du propos, sorte d'entrée qui ouvre la voie à la parole. Mais il se répète, invisible, tout au long du flux du discours. L'attention se capte et se garde. L'autorité de celui qui parle consiste aussi à maintenir en permanence le chemin ouvert pour sa parole.

~ ***Y a-t-il des exordes types ?***

Les citoyens qui découvraient la démocratie, dans les premiers temps de l'agora, puisaient dans des « catalogues » d'exordes types comme le traité de Corax. Aujourd'hui encore, la recherche de l'attention de l'auditoire oscille entre l'art de propos singuliers, adaptés aux circonstances et aux personnes, et l'emprunt de formules consacrées.

Le conférencier était installé à la table de la librairie. Le public, nombreux, attendait. Le silence se fit rapidement. L'orateur, dont chacun connaissait, à l'écrit, la finesse de la plume, commença par un propos étonnant : « Je vous remercie d'être venus. Je dois tout de suite vous avertir, je ne suis pas un excellent orateur car je suis un peu timide. Je sollicite donc votre indulgence. Mais j'attache beaucoup d'importance à vous parler aujourd'hui de mon livre [...]. »

Ainsi, la très ancienne formule consistant à dire que l'on n'est pas un bon orateur, afin de solliciter l'indulgence, donc l'attention du public, reste-elle fréquemment utilisée. Entendons-nous sur ce point : si un bon orateur, habile à manier les mots et à l'aise devant son public, se sert de cette formule comme exorde, il prend le risque d'apparaître comme quelqu'un qui se moque carrément du monde. Par contre, cet exorde type manié avec sincérité par un véritable timide peut ouvrir un chemin inhabituellement large pour sa parole.

Comment celui qui a tendance à bafouiller ne se verrait-il pas accorder une certaine attention si, en tête de son propos, il avoue clairement cette disposition ? « Je ne sais pas bien parler en public, je suis un peu timide et vais probablement bafouiller, mais si je prends la parole, c'est que je tiens absolument à vous dire ceci. »

Les personnes plus assurées d'elles-mêmes l'écouteront sans problème car on n'écrase pas plus vulnérable que soi, tandis que les timides, qui sont souvent nombreux dans le public, comprendront bien de quoi il s'agit. La question est qu'ici cet aveu de vulnérabilité se double d'une ferme volonté de dire ce que l'on a à dire.

La timidité n'est pas absence de volonté ni manque de parole. Elle est un obstacle entre une parole qui veut être tenue et une parole tenue. La demande que renferme l'exorde est claire : « Aidez-moi à passer cet obstacle. Vous seul, par votre attention, pourrez m'aider à le franchir. »

On voit que le meilleur exorde, si tant est qu'une telle hiérarchie existe, est toujours celui qui à la fois est le plus adapté à l'auditoire, à la situation et fait apparaître l'orateur comme attentif à l'attention de l'auditoire. L'exorde délivre un message spécifique : « Je tiens compte de vous, c'est à vous que je parle, je m'en remets à vous. » L'exorde rappelle cette dimension essentielle de la parole qui est de s'adresser, toujours, à quelqu'un.

~ ***Chaque exorde est donc singulier ?***

Oui, car même si l'on utilise une formule classique, comme « Je vous remercie de me donner la parole », on doit le faire à sa manière et en tenant compte à la fois de la situation et des personnes auxquelles on s'adresse. Par exemple, il serait inconvenant de faire un exorde trop soutenu pour demander l'attention dans une situation où l'attention est acquise d'emblée.

Il faut savoir aussi qu'il y a des styles d'exorde différents selon le pays et la culture. En Amérique du Nord (États-Unis et Canada), il est de bon ton de faire des exordes plutôt gais, voire humoristiques. Il est même fréquent que ce soit le lieu d'un bon mot ou d'une plaisanterie. En Europe continentale, en France par exemple, l'exorde est souvent l'occasion – sans doute un peu trop – d'attirer l'attention sur le sérieux et la compétence de l'orateur.

Il s'ensuit de très larges possibilités de contresens et de mauvaise interprétation. Pour les Français, les Américains, quand ils prennent la parole, sont de « grands enfants », pas très sérieux, et pour les Américains, les Français ont plutôt la réputation d'être « prétentieux » et « hautains », donc d'esprit peu démocratique...

Al Gore est un grand conférencier américain. Il a notamment tenu plus d'un millier de conférences pour attirer l'attention sur les effets, selon lui, catastrophiques et dramatiques du réchauffement climatique. Son propos est donc grave. Pourtant, il vient chercher l'auditoire avec des plaisanteries et des exordes humoristiques. Par exemple, il commence toujours, pour capter la bienveillance, par cette présentation de lui-même : « Bonjour, je suis l'ex-futur président des États-Unis. » Difficile de résister. Pour les Américains, les seuls types sérieux sont ceux qui ne se prennent pas au sérieux. En France, on voit mal un(e) ancien(ne) candidat(e) à la présidence de la République faire de même.

~ ***Faire un exorde, n'est-ce pas se comporter en bateleur ?***

Le président de la fameuse société de ventes aux enchères Christie's, François Curiel, déclarait que « si l'on veut capter l'attention du public assis pendant deux heures [lors d'une vente aux enchères], il faut avoir du charisme, de l'humour sans jamais être vulgaire, savoir changer le ton de sa voix pour relancer l'intérêt. À la fin de la séance, vous êtes sur un nuage, totalement épuisé ».

Souvent l'énergie consacrée par le bateleur à capter l'attention du public est en proportion inverse de ce qu'il a à dire ou à proposer. Il rompt ainsi avec la règle d'or de l'exorde – elle ne capte pas l'attention pour rien, elle tient ce qu'elle annonce, elle est cohérente avec ce qui suit. On ne sollicite pas l'écoute pour la trahir.

C'est pourtant ce que font un certain nombre de messages publicitaires. Les annonceurs sont, il est vrai, confrontés à un environnement saturé de messages destinés à vendre, souvent la même chose. Convaincre le public d'acheter n'est pas chose facile dans un tel contexte. Aussi certains se laissent-ils aller à l'équation rustique mais souvent efficace : exorde + répétition de l'opinion. Ils deviennent ainsi des bateleurs modernes.

Le problème étant d'attirer le regard ou l'oreille, selon que l'on est dans la rue, devant la télévision ou proche d'une radio, tous les moyens semblent bons pour y parvenir.

Les trop fameuses publicités pour une marque de vêtements italienne illustrent bien ce procédé. Elles sont connues. On cherche à capter l'attention de l'auditoire grâce à des photos ou des images sans rapport avec le produit vendu, mais qui sont frappantes : des photos de condamnés à mort ou d'enfants affamés, ou encore des fesses nues avec un tampon de boucherie imprimant « VIH ». Une fois l'attention obtenue (il est difficile de résister à de telles images, souvent obsédantes), la seule parole qui reste est l'énoncé de la marque en question. Même pas de l'un de ses produits, seulement la marque. Le message se répétant de très nombreuses fois et l'attention toujours soutenue grâce au même procédé, le nom de la marque finit par passer les barrières de l'attention, puis de l'écoute, et s'imprimer dans la mémoire.

Au début, il n'y est écrit qu'en lettres très claires, presque invisibles. Si on n'y prend pas garde, ces lettres finissent par se détacher nettement. L'exorde, ici, a tenu ses promesses, ouvrir un chemin vers l'auditoire à une parole, mais au prix d'une trahison.

La parole annoncée n'est pas celle qui est tenue. Le loup s'est déguisé en mère-grand pour frapper à la porte. Il ne tient qu'à nous de lui échapper. Mais pourquoi donc lui ouvre-t-on ?

La présentation de l'opinion

Nous en avons terminé avec l'exorde. C'est le moment d'entrer dans la deuxième phase du plan, qui consiste, nous l'avons vu, dans l'exposé de l'opinion. Ce n'est pas encore la phase d'argumentation. Une erreur très souvent commise est effectivement de commencer tout de suite par argumenter.

Avant de donner les bonnes raisons de suivre une opinion, mieux vaut, sauf cas particulier, indiquer d'abord de quelle opinion il s'agit.

Avant de dire « C'est un meurtre », qualification qui s'applique à beaucoup de situations, mieux vaut préciser que ce que l'on veut ainsi cadrer pour le critiquer, c'est l'euthanasie (dans le cadre du débat sur le sujet). La forme attendue est ici la séquence « opinion – argument », donc, ici, la suite : « Je suis contre l'euthanasie parce que c'est un meurtre », suite qui peut bien sûr s'enrichir d'autres arguments du type « et parce que je réprouve le meurtre » ou « et que celui-ci est universellement condamné ».

Il est très rare qu'une parole argumentative recoure au suspense consistant à donner d'abord l'argument, et seulement ensuite à préciser à l'auditoire l'opinion dont il est la déclinaison. Si l'opinion manque parfois à l'appel, c'est qu'elle est implicite dans le contexte de la prise de parole.

Lorsque Philippe Boucher, directeur du Comité national contre le tabagisme, évoque « la seule industrie qui ne retire pas du marché un produit après s'être aperçu qu'il était défectueux ou dangereux [1] », il est clair pour tout le monde que cet argument est au service de la lutte contre le tabagisme, et est plus particulièrement dirigé contre l'existence même de l'industrie du tabac

~ *Pourquoi fait-on l'erreur de ne pas annoncer son opinion ?*

Tout simplement, parce que l'on part du principe, bien entendu faux, que l'auditoire est parfaitement au courant de l'opinion que l'on va défendre. Souvent ce n'est pas le cas, mais quand on a tendance à se murer dans sa tête et que l'on est pressé de convaincre, on présente d'abord les arguments. On saute ainsi une étape essentielle du plan.

Parfois l'auditoire sait quelle opinion on va défendre, par exemple dans une réunion de travail où l'ordre du jour est publié, ou bien encore lors d'une conférence où le titre indique clairement le point de vue de l'orateur. Il est important, même dans ce dernier cas, de suivre radicalement la consigne suivante : *on repart à zéro*. On fait comme si l'auditoire n'était au courant de rien et qu'il fallait expliquer, le plus simplement possible, et le plus tôt possible, l'opinion que l'on va défendre.

---

1 Cité par Laurence Folléa dans *Le Monde*, 16 mars 1996.

L'expérience montre que le public, toujours un peu distrait, est systématiquement reconnaissant qu'on lui énonce clairement ce dont on va parler, *même si c'est un rappel.*

~ *Quels sont les autres avantages de présenter son opinion puis ses arguments ?*

Ils sont multiples. Il y a d'abord le principe général selon lequel il faut toujours faciliter le travail de ceux à qui l'on parle. Plus ce sera simple à entendre et à mémoriser, plus on créera de bonnes conditions d'acceptation de l'opinion que l'on propose.

Il y a ensuite ce très grand bénéfice qu'il y a à se mettre au clair, soi-même, avec l'opinion que l'on défend. Le simple travail qui consiste, lorsqu'on prépare l'argumentation, à se demander en quels termes exacts on doit formuler l'opinion que l'on propose permet de s'assurer que c'est bien celle-là que l'on va défendre.

~ *On peut donc défendre un autre point de vue que celui qu'on avait prévu initialement ?*

Oui, et c'est beaucoup plus fréquent qu'on ne le croit. On voit très souvent des orateurs chargés de défendre une opinion qui se mettent tout à coup à en défendre une autre, celle par exemple pour laquelle ils ont davantage d'arguments.

> *Dans un débat argumenté, lors d'un stage de formation au convaincre, une personne tirée au sort avait été chargée de défendre la thèse suivante : « Il faudrait remonter l'âge de l'apprentissage et du passage du permis de conduire à 21 ans. » Sans s'en rendre compte la personne s'est mise à défendre l'intérêt de la conduite accompagnée, permettant l'apprentissage sous contrôle et autorisant, du coup, les moins de 21 ans à conduire fréquemment. Cette opinion la satisfaisait plus et, surtout, cette personne avait de bons arguments à l'appui de sa thèse, somme toute différente de celle qu'elle était chargée de défendre. Ses*

adversaires dans le débat n'ont pas manqué de lui faire remarquer qu'elle ne semblait pas tout à fait d'accord avec le fait qu'il fallait n'autoriser la conduite qu'après 21 ans et que son propos n'était donc guère convaincant, car « à côté de la plaque ».

Une fameuse plaisanterie résume bien cette situation :

Un homme rentre le soir chez lui et rencontre son voisin qui a l'air de chercher quelque chose par terre, à la lumière d'un lampadaire. L'homme lui demande ce qu'il fait, le voisin répond : « Je cherche mes clés. » Pendant quelques minutes, le premier l'aide en scrutant à son tour le sol. Ils ne trouvent toujours rien. Alors le premier dit : « Êtes-vous sûr que c'est là que vous les avez perdues ? » Et le voisin de répondre : « Pas du tout, ce n'est pas là que je les ai perdues. – Mais pourquoi les chercher ici ? » Vient alors cette réponse surprenante : « Ici, il y a de la lumière, donc on voit clair pour chercher. »

L'histoire est moins absurde qu'elle ne paraît. Elle révèle un travers important de l'esprit humain : dans beaucoup de situations, nous faisons ce que nous *savons* faire, ou que nous *pouvons* faire, et pas ce que nous *devrions* faire.

L'oratrice, dans l'exemple précédent, *savait* défendre la nécessité de la conduite accompagnée et *pouvait* le faire. Mais ce n'est pas ce qu'elle *devait* faire car ce n'est pas ce qu'on lui demandait dans le contexte.

~ *L'exposé de l'opinion, c'est donc l'exposé de la thèse que l'on veut défendre ?*

Oui, mais cela ne signifie pas qu'il faille forcément en faire une présentation brute. Il est parfois nécessaire de contextualiser cette opinion et de rappeler dans quelles circonstances on la défend. Cette partie du plan argumentatif doit avoir une allure et une tonalité assez objectives et informatives. Encore une fois, on ne cherche pas à argumenter dans cette étape. Cela laisse libre l'auditoire, car on lui montre qu'on ne cherche pas à l'assaillir tout de suite et que l'on a soi-même la tête froide.

Que veut dire contextualiser ?

Si l'opinion défendue est par exemple : « Il faut interdire désormais la production, la vente et la consommation de tabac », point de vue qui entrera sans doute un jour dans le débat public, il n'est pas mauvais de rappeler dans la deuxième partie du plan, sur un mode informatif, l'importance sociale, économique et sanitaire qu'a prise le tabac dans notre société. On peut ajouter aussi quelques mots sur la légitimité qu'il y ait un débat sur ces questions et, au besoin, quelques faits et chiffres qui situeront le problème.

Cette présentation objective a un effet de conviction très important sur le public, car elle montre que l'orateur a la capacité de poser sereinement le problème et qu'il est ouvert. Il réserve sa fougue pour la troisième partie de son exposé, celui où il argumente.

L'exposé de l'opinion permet enfin, et ce n'est pas le moindre des avantages de cette étape, d'annoncer le plan que l'on va suivre à partir de là. C'est l'occasion de dire que l'on va, par exemple, utiliser deux ou trois arguments et de les présenter rapidement, en avant-première et de façon synthétique.

Chargé de défendre l'idée selon laquelle « il faut interdire désormais la production, la vente et la consommation de tabac », le conférencier conclut sa présentation de cette opinion en annonçant trois arguments : « D'abord, je montrerai que le tabac est une drogue et doit donc être traité socialement comme telle ; ensuite, qu'il y a un gain économique important qui peut être fait du point de vue des dépenses de sécurité sociale ; et enfin j'insisterai sur le fait que des dizaines de milliers de vie pourront être sauvées tous les ans, sans compter les innombrables souffrances évitées. Mon argumentation abordera donc, en trois points, les aspects sociaux, économiques et, surtout, humains. » L'auditoire a ainsi su immédiatement où l'on allait.

~ ***À quel moment faut-il faire cette annonce de plan ?***

C'est selon. Le mieux est sans doute immédiatement après l'exorde, cela permet d'inclure, dans une même présentation, l'opinion, des éléments de contextualisation puis l'annonce des arguments. Un peu de suspense peut même être ajouté en commençant par exposer les faits puis, immédiatement après, l'opinion. L'important est que la phase de présentation de l'opinion comporte tous ces aspects, dans l'ordre qui convient à la situation du moment.

L'argumentation et l'ordre des arguments

Nous entrons maintenant dans la troisième partie du plan, celle de l'argumentation proprement dite. Nous avons capté l'attention et peut-être obtenu, grâce à l'exorde, la bienveillance de l'auditoire et nous lui avons dit clairement l'opinion que nous souhaitions défendre. Reste maintenant à argumenter.

Il n'est pas question ici de revenir sur la nature des arguments, point que nous avons déjà longuement traité au chapitre précédent. Deux éléments doivent toutefois encore être abordés, car ce sont des questions que l'on se pose toujours quand on prépare une argumentation : combien faut-il d'arguments ? Et dans quel ordre doit-on les présenter ?

Il n'y a évidemment pas de réponse standard à ces questions, que l'on se pose depuis l'Antiquité. Chaque situation est un cas particulier. Mais disons qu'en général on utilise deux ou trois arguments. N'énoncer qu'un seul argument risquerait, dans la plupart des situations, de ne vraiment pas suffire.

On a souvent remarqué que c'est par la multiplicité des arguments que l'on réussit à faire bouger quelque chose dans l'esprit de son interlocuteur. Utiliser plusieurs arguments permet de brosser un tableau complet, où tout concourt de façon coordonnée à rendre acceptable l'opinion que l'on propose. C'est pourquoi il faut au moins deux ou, de préférence, trois arguments. Trois est un bon chiffre, il permet le plus souvent d'aborder de façon très complète la situation.

~ ***Mais pourquoi pas quatre ou cinq arguments ?***

Il est clair que trop d'arguments tueraient l'argumentation. Il faut d'abord que ceux à qui l'on parle puissent se souvenir de ce qu'on leur a dit. L'assemblage de trop d'éléments distincts rendrait cette troisième étape de la prise de parole trop complexe. Du sentiment de complétude obtenue par exemple en utilisant trois arguments, on passerait à un sentiment d'éparpillement, de dispersion qui est évidemment nuisible à l'objectif que l'on se fixe.

Au fond, tout élément du réel peut être découpé en trois approches qui permettent de faire le tour du sujet. C'est aussi une discipline que de découper une argumentation en trois pôles bien distincts. C'est d'autant plus nécessaire quand on s'adresse à des auditoires composites et des personnes qu'il faut convaincre séparément avec les arguments qui leur sont appropriés.

~ ***Dans quel ordre doit-on les présenter ?***

La rhétorique ancienne s'est interrogée sur l'ordre des arguments à l'intérieur de la troisième partie de la prise de parole argumentative. Faut-il mettre en avant l'argument le plus fort et aller *decrescendo*, au risque de laisser une dernière impression plus faible ? Ou commencer par le plus faible, en prenant le risque d'une mauvaise première impression ? Intercaler le plus fort au milieu de deux autres arguments moins puissants ?

C'est oublier qu'un argument ne tire sa force que du public auquel il s'adresse et que toute stratégie dans ce cas ne peut être que locale et circonstancielle. On s'abstiendra ici de répondre trop précisément à cette question. Ce qui ne veut pas dire que, dans chaque situation précise, il ne faut pas se la poser.

Savoir terminer : la péroraison

Une sorte d'affinité existe entre l'exorde et la péroraison, entre le début et la fin d'une prise de parole. Dans les deux cas, il s'agit de préparer un avant et un après, une apparition et une disparition de l'orateur. L'exorde, nous l'avons vu, permet de capter l'attention, la péroraison permet peut-être de la maintenir, alors même que la parole est devenue silencieuse.

La péroraison est constituée par les derniers mots entendus : ce sont ceux dont on a tendance à se souvenir le mieux, au sortir de ce tunnel temporel qu'est la parole tenue. Elle constitue en tout cas une trace proposée à la mémoire de l'auditeur, qui se maintiendra encore longtemps. S'il ne doit se souvenir que d'une chose de tout ce qui a été dit, c'est de celle-là. Cette dernière parole est donc généralement frappante, marquante, en même temps qu'elle constitue une sorte de synthèse de ce qui a été dit.

L'abbé Pierre, par exemple, à la fin de son intervention radiophonique, terminait ainsi : « Grâce à vous, aucun homme, aucun gosse ne couchera ce soir sur l'asphalte ou les quais de Paris. Merci. » Il anticipe curieusement sur les résultats de sa demande si elle est acceptée par le public. Ce procédé montre qu'argumenter c'est anticiper et que la parole, en se présentant comme déjà réalisée, peut prétendre aboutir dans son intention.

Dans un style de péroraison qui, à la fois, lui était propre et correspondait aux circonstances et au style de l'époque, le général de Gaulle termina son discours du 6 juin 1944 à la BBC, *au soir du premier jour du débarquement allié en Normandie, par les mots suivants : « La bataille de France a commencé. Il n'y a plus dans la nation, dans l'Empire, dans les armées, qu'une seule et même volonté, qu'une seule et même espérance. Derrière le nuage si lourd de notre sang et de nos larmes, voici que reparaît le soleil de notre grandeur. »*

Cette projection dans l'avenir de la fin du discours fonctionne dans la mémoire comme une sorte d'exorde, qui introduit à rebours au cœur de la parole tenue. La remémoration peut ainsi se faire à partir de cette ouverture. C'est l'espoir de la grandeur qui, écartant le sang et les larmes, conduit à l'espérance, elle-même liée à la bataille en cours, qui n'aboutira que si les Français agissent d'une seule et même volonté (c'est ici l'argument central de de Gaulle, qui annonce que le pays ne reprendra sa liberté que si les différentes factions politiques engagées dans la Résistance s'unissent). La péroraison nous fait remonter dans le courant de la parole pour y retrouver sa source. Dans ce sens, elle l'essentialise.

Savons-nous toujours conclure ? Rien n'est moins sûr. Celui qui a du mal à prendre la parole, une fois qu'il l'a prise, souvent ne la lâche plus. On voit ainsi quelqu'un, arrivé visiblement au bout de ce qu'il avait à dire, au seuil de conclure et de s'arrêter, reprendre le fil d'une idée, d'un argument, ou encore un détail de la description. L'ivresse de la parole entraîne la redite. Chacun se souvient de situations de conversation où la gène de l'auditoire répond à cette parole passée en boucle si quelqu'un ne l'arrête pas. Ce défaut de savoir conclure prive la parole tenue d'une conclusion qui permettrait à l'auditoire de sentir qu'il a sa place dans ce qui a été dit.

Mais la péroraison n'est pas une conclusion. Elle contribue à l'efficacité de l'argumentation.

Lorsque Étienne Lantier, le leader des mineurs en grève que met en scène Zola dans Germinal, *termine sa harangue, il conclut par un simple mot, « justice » : « C'était trop cette fois, le temps venait où les misérables, poussés à bout, feraient justice... La foule, à ce mot de justice, secouée d'un long frisson, éclata en applaudissements qui roulaient avec un bruit de feuilles sèches. Des voix criaient : Justice, il est temps, justice*[2] *!* »

Un seul mot, comme ici, suffit parfois à rassembler, de manière synthétique, toute l'argumentation. Zola nous montre qu'en reprenant ce mot, la foule donne la preuve qu'elle est convaincue, et que ce rappel clair et précis d'une exigence de justice, alors que l'argumentation a été longue et technique, a aidé à ce qu'elle le soit.

2 Émile Zola, *Germinal*, 3e partie, chapitre 7.

7 *L'action*

Savoir prendre la parole

Nous venons de traiter un certain nombre de points nécessaires à la préparation d'une argumentation. Le tableau ne serait pas complet si l'on n'abordait pas un dernier élément technique, dont la bonne maîtrise est, elle aussi, essentielle. Il s'agit de ce tout qui concerne la prise de parole elle-même : que doit-on faire dans l'action, notamment dans la relation avec l'auditoire, au moment où on lui parle ? Les anciens manuels de rhétorique appelaient cette phase de la préparation l'action (*actio*).

L'idée est ici d'anticiper sur la façon dont on s'y prendra en situation, sur la manière dont on dira ce que l'on a à dire. Là aussi, un protocole léger peut nous aider à ne rien oublier de ce qui peut se révéler décisif ou... handicapant pour convaincre. Prenons l'exemple, volontairement noirci, d'une prestation ratée, *alors que le contenu en avait été soigneusement préparé* :

Alexandre a beaucoup travaillé pour préparer l'exposé qu'il doit faire devant tout le groupe de travail. S'il convainc, il disposera d'un gros budget pour mener à bien son idée. Sa position sera renforcée dans le groupe et il pourra embaucher plusieurs de ses précieux assistants qui, pour l'instant occupent des postes précaires. Sa carrière personnelle sera considérablement accélérée. L'enjeu est donc de taille. Il a tenu compte de l'auditoire, s'est même renseigné sur plusieurs personnes qu'il ne connaissait pas. Il va s'appuyer sur une idée qui est déjà partagée par beaucoup. À lui de faire le lien. Il a prévu plusieurs arguments simples mais qui permettront justement de faire ce lien. Son plan est carré. Comme il se le dit lui-même intérieurement, « tout baigne ».

Alexandre, on le voit, a dans sa manche plusieurs atouts pour réussir sa prise de parole. Pourtant il s'est uniquement concentré sur le contenu de ce qu'il va dire. Le voici, le jour J, dans la salle où le groupe de travail qui prendra la décision est réuni.

Alexandre commence à parler. Au bout d'un certain temps, il sent que quelque chose ne va pas. Sa voix est monocorde. Plusieurs personnes dans l'auditoire commencent à parler entre elles. Il ne les voit pas car elles sont dans l'ombre. Il se perd dans ses notes et commence à confondre les pages. En plus, il se rend compte qu'il y a un bruit de fond, une sorte de moteur, qui gêne l'audition depuis le début. Quelqu'un lui demande pour combien de temps il en a encore. Alexandre se met à transpirer. Rien ne va plus. Il tente une synthèse rapide de ce qu'il lui reste à dire, mais, visiblement, ce qu'il dit n'est pas clair. Enfin, il a terminé et conclut maladroitement : « Voilà, tout cela, je pense, vous aura convaincus. » Un silence général, un peu gêné, accueille ses derniers propos.

En clair, Alexandre a raté sa prise de parole et il n'obtiendra pas son budget.

~ *Comment peut-on échouer avec une argumentation rodée ?*

Alexandre a commis plusieurs lourdes erreurs. Elles ont *empêché l'accès* de l'auditoire au contenu de l'argumentation, qui, lui, était probablement très bon. La relation établie concrètement avec l'auditoire est essentielle, non pour l'instrumentaliser, comme on le fait dans la manipulation, mais pour faciliter l'accès au contenu.

Plusieurs points sont très clairs dans la prestation d'Alexandre :

Même s'il ne s'en rend compte que tard, l'écoute de ce qu'il dit est troublée depuis le début de son intervention par une gêne acoustique. La fenêtre est ouverte et il y a dans la rue un marteau-piqueur en action. L'ambiance sonore est très désagréable et tout le monde est irrité. De plus, Alexandre est ébloui par le soleil qui entre dans la pièce. Il éprouve une gêne visuelle et ne peut pas voir les réactions de ses interlocuteurs.

Le point technique est ici que l'orateur est responsable du fait que l'espace physique et acoustique dans lequel il prend la parole soit le plus confortable possible pour les participants. Il doit prendre en compte la gestion de l'espace de la parole.

Alexandre a bien structuré son exposé, mais celui-ci est trop long. L'auditoire ne sait pas où il en est. Il a commencé à parler mais n'a donné aucune indication sur la durée ou la façon dont son exposé a été découpé. Les gens se demandent donc, avec lassitude, combien de temps encore ils devront écouter. Ils se sentent prisonniers de la parole d'Alexandre.

La gestion du temps d'une intervention est essentielle. Alexandre aurait dû savoir combien de temps elle durait et annoncer clairement son plan.

Alexandre avait bien préparé son intervention mais il lisait son texte, et d'une voix assez monocorde. L'effet est immédiat, l'auditoire « décroche », quand il ne s'endort pas ! Un texte lu sans intonation a toujours l'air de ne s'adresser à personne. Le risque est donc qu'il n'intéresse personne.

La prise de parole orale, lorsqu'on veut convaincre, implique que l'on mette de la vie dans son texte et qu'on *aide* l'auditoire en soulignant, grâce à l'intonation, les points essentiels.

Alexandre avait organisé les notes de son exposé de façon un peu brouillonne. Certains points, qu'il connaissait par cœur, étaient simplement notés avec des mots clés, d'autres parties étaient entièrement écrites et il devait les lire. Il s'est « perdu » dans ses notes et, comme il a dû finir plus vite que prévu, ses notes n'étaient plus adaptées. Il a terminé son exposé dans une grande confusion, oubliant même un argument essentiel !

Comment se souvient-on de ce que l'on doit dire ? La question des notes et de la mémoire est déterminante. C'est une sorte de goulot d'étranglement, car tout ce que l'on a à dire va passer par là. Il faut donc être très rigoureux sur la gestion des *supports* de la prise de parole.

~ ***Sa phrase de conclusion avait l'air particulièrement maladroite, non ?***

« Voilà, tout cela, je pense, vous aura convaincus. » C'est, avec une très grande précision, exactement ce qu'il ne fallait pas dire. La façon dont l'orateur se présente à l'auditoire, ce que l'on pourrait appeler la « présentation de soi » et que les anciens rhéteurs appelaient l'« èthos de l'orateur », est un point clé.

Nous allons reprendre chacun de ces éléments techniques dans le détail et nous terminerons par cette question de l'èthos.

L'espace de la parole

Beaucoup de conférenciers le savent, il est rare qu'une prise de parole en public se passe bien du point de vue matériel. Beaucoup de petits détails sont invisibles quand cela fonctionne, mais prennent une importance considérable dans le cas inverse.

Dans une salle où il fait froid, il est plus difficile de se faire entendre. De même, quand l'acoustique n'est pas bonne ou que le micro, lorsqu'il est nécessaire, ne marche pas bien. On prédispose mal un auditoire en lui envoyant d'abord des sons stridents dans les oreilles.

Le conférencier était très attendu, mais les premiers mots qu'il prononça étaient inaudibles. Les suivants aussi d'ailleurs, jusqu'à ce que quelqu'un dans la salle crie : « On n'entend rien. » Le conférencier crut qu'on l'apostrophait de façon polémique. Il répondit en se défendant, mais cela ne changea rien puisque de toute façon on ne l'entendait pas...

Le principe ici est simple : c'est toujours à l'orateur, celui qui veut convaincre, qu'incombe la vérification de ces détails matériels.

~ ***L'intervenant invité doit aussi s'occuper de l'intendance ?***

Surtout s'il est invité. Il n'est pas déplacé de demander à voir la salle avant, d'essayer les micros et les éclairages, de s'assurer du confort de l'auditoire. Car si quelque chose ne marche pas, ce n'est pas aux invitants qu'on le reprochera mais à l'orateur lui-même, qui verra son propos, de toute façon, perdre de sa portée.

~ ***Y a-t-il des choses auxquelles il faut penser en priorité ?***

Le confort acoustique est très important, pour des raisons évidentes. Souvent on pense peu à l'éclairage. Il est essentiel, lorsqu'on argumente, de bien *voir* ceux à qui l'on parle. Certains éclairages éblouissent l'orateur. De ce fait, outre la gêne que celui-ci peut ressentir, il ne peut plus vérifier que son propos porte. Il lui est alors difficile de tenir compte du public.

Il y a aussi des détails « qui tuent ». Il arrive par exemple que quelqu'un, venu chercher humblement un assentiment, devant convaincre un auditoire peu disposé au départ, se voie placé sur une estrade qui domine, de loin, le public. « Pour qui se prend-il, celui-là ? », penseront alors certains.

La disposition de l'espace est importante car elle dit déjà comment l'orateur voit sa relation avec l'auditoire et, dans une certaine mesure, elle la détermine.

Dans le système judiciaire américain, pour garantir la symétrie entre l'accusation et la défense, le procureur est au même niveau que l'avocat, face au juge et aux jurés. De ce fait, la parole du procureur vaut celle de l'avocat. Dans le dispositif de parole judiciaire français, moins démocratique sur ce point, le procureur et le juge sont proches l'un de l'autre, sur la même estrade. L'avocat et le prévenu sont en bas, dans une position inférieure.

Toute personne qui prend la parole doit donc s'assurer activement, autant que faire se peut, que l'espace dans lequel il parlera sera le plus approprié pour convaincre son auditoire.

Contrôler l'intonation

L'intonation est un élément essentiel de la prise de parole. À l'oral, elle permet de faire comprendre ce que l'on dit. On insiste sur certains mots pour montrer leur importance et signifier que l'on doit les écouter en premier. Une bonne intonation est une condition de l'efficacité argumentative.

On peut imaginer comment doit être prononcée cette phrase clé de l'argumentation de l'avocat Badinter, qui, on s'en souvient, a été citée plus haut en exemple :

« Guillotiner un homme, c'est le couper, vivant, en deux morceaux, dans la cour de la prison. »

Cela donne à peu près ceci, dans une sorte de partition sonore (la disposition d'une même séquence de mots sur deux ou trois lignes correspond simplement à une facilité de présentation dans le tableau, et n'est pas à prendre en compte) :

Plus appuyé	Guillotiner				couper	...	vivant	...	en deux morceaux			
Moyennement appuyé		*un homme*								...	*dans la cour*	
Moins appuyé			...	*c'est le*								*de la prison*

Les mots les plus appuyés (ligne du haut) sont évidemment les plus forts, ceux qui sont susceptibles de faire changer, dans l'esprit de l'auditoire, sa perception des choses. Ceux dont il se souviendra et qu'il pourra faire siens, notamment, pour les jurés, au moment du délibéré. Ils sont ici la matière essentielle de l'argument de cadrage qui est ainsi, grâce à l'intonation, isolé de la matière première ordinaire du langage.

~ *Est-ce que l'exorde doit être prononcé avec une intonation différente ?*

Non seulement l'exorde, mais chacune des quatre parties du plan. Il est important de comprendre, lorsque l'on prend la parole pour convaincre, que chaque partie de l'exposé a un style, une tonalité différente.

Une formidable illustration de ces différences nous est donnée par Zola, dans *Germinal*, lorsqu'il nous raconte la prise de parole d'Étienne Lantier, le secrétaire de l'association des mineurs, juché sur un tronc d'arbre, dans la forêt, haranguant ses camarades en leur proposant la poursuite de la grève. On retrouve les quatre parties, l'exorde, l'exposé de l'opinion, l'argumentation, la péroraison. Détaillons-les pour mieux voir les différences dans le style et, surtout, dans l'intonation.

L'exorde relève ici d'un style très direct où dominent tour à tour la colère, l'indignation, la nécessité de parler, celle d'écouter aussi :

> « *Camarades, puisqu'on nous défend de parler, puisqu'on nous envoie les gendarmes, comme si nous étions des brigands, c'est*

ici qu'il faut nous entendre ! Ici, nous sommes libres, nous sommes chez nous, personne ne viendra nous faire taire, pas plus qu'on ne fait taire les oiseaux et les bêtes [1] *! »*

L'exorde est une demande d'écoute, une affirmation de la nécessité d'écouter. Étienne pose la parole comme une forme essentielle de la liberté. L'exorde rappelle aussi qu'il faut un lieu, ici la nature loin de la mine, qui soit un cadre de liberté. Il constitue une sorte de transition entre la violence des gendarmes et la paix que la parole tente d'instaurer. L'exorde est le lieu d'une certaine émotion que l'intonation doit traduire.

Zola nous donne en quelque sorte le résultat de l'exorde, en l'occurrence, l'approbation de la foule : « Oui, oui, la forêt est à nous, on a bien le droit d'y causer... Parle ! »

À cette injonction, plaçant bien le rôle de l'exorde, qui est de restituer la symétrie orateur/auditoire, que la position haute du premier vient mettre en cause, Étienne répond par le silence, seuls vrais prolégomènes (étape préalable nécessaire) de ce qui va suivre :

« Alors Étienne se tint un instant immobile sur le tronc d'arbre. La lune, trop basse encore à l'horizon, n'éclairait toujours que les branches hautes ; et la foule restait noyée de ténèbres, peu à peu calmée, silencieuse. Lui, noir également, faisait au-dessus d'elle, en haut de la pente, une barre d'ombre. Il leva un bras dans un geste lent, il commença ; mais sa voix ne grondait plus, il avait pris le ton froid d'un simple mandataire du peuple qui rend ses comptes. »

Le bras levé correspond sans doute ici à la posture type de l'orateur telle que les peintures classiques nous le montrent jusqu'au XIXe siècle : bras levé à hauteur de l'épaule, paume de la main tournée vers le ciel, doigts progressivement dirigés, depuis le petit jusqu'à l'index et le pouce, vers l'auditoire. Cette posture est l'emblème de l'orateur, tout entier tourné vers l'auditoire.

---

1 Émile Zola, *Germinal, op. cit.*

~ *L'exposé de l'opinion relève-t-il de l'émotion ?*

Beaucoup moins. Le passage du ton exalté au « ton froid » marque très précisément celui de l'exorde à l'exposé de l'opinion. Cette deuxième partie, descriptive, implique une intonation, une attitude proches de la neutralité. Les faits sont posés indépendamment de celui qui parle. Tout excès de présence introduirait une subjectivité hors de propos. Étienne débute ainsi « par un rapide historique de la grève, en affectant l'éloquence scientifique : des faits, rien que des faits ».

Le long développement qui suit est un déroulé descriptif ordonné, rappelant que les mineurs n'avaient pas voulu la grève, que la direction les avait provoqués en diminuant les salaires, qu'il y avait eu une délégation, puis la grève, que les caisses de secours étaient vides, que certains avaient repris le travail.

> *« Et brusquement, il conclut, sans hausser le ton. C'est dans ces circonstances, camarades, que vous devez prendre une décision ce soir. Voulez-vous la continuation de la grève ? Et en ce cas, que comptez-vous faire pour triompher de la Compagnie ? »*

De nouveau le silence se fait, comme pour rythmer les étapes de la prise de parole d'Étienne. Cette deuxième partie se termine par une interrogation rhétorique car, dans le contexte, chacun sait que l'opinion d'Étienne est la poursuite de la grève, ce dont il va maintenant s'employer à convaincre ses camarades.

> *« Étienne, déjà, continuait d'une voix changée. Ce n'était plus le secrétaire de l'association qui parlait, c'était le chef de bande, l'apôtre apportant la vérité. »*

Changement de ton, changement de statut de celui qui parle : tout indique la rupture. Après l'énoncé de l'opinion et des circonstances, qui composaient tout ensemble le calme exposé des faits*, quasi scientifique, voilà de nouveau une parole engagée qui surgit. Celle-ci est le cœur de la prise de parole. Étienne déroule maintenant, vague après vague, une série d'arguments en faveur de la continuation de la grève.

Une fois la phase argumentative terminée, et avec cette fois-ci un ton encore plus exalté, qui renoue avec celui de l'exorde, Étienne termine par une courte quatrième partie, péroraison qui ramasse le centre de son argumentation :

> *« C'était trop cette fois, le temps venait où les misérables, poussés à bout, feraient justice. » Et Zola, guidant ainsi notre lecture, ajoute : « Il resta les bras en l'air. La foule, à ce mot de justice, secouée d'un long frisson, éclata en applaudissements qui roulaient avec un bruit de feuilles sèches. Des voix criaient Justice, il est temps, justice ! »*

Qu'Étienne reste ainsi, les bras en l'air, est un effet réussi grâce à la péroraison, qui, bien loin d'être conclusive, est une ouverture où l'orateur s'en remet à la décision de l'auditoire, seul juge de son propos. Celui-ci renvoie, ici, une parole symétrique à celle d'Étienne : l'exigence de justice. La parole de l'orateur est devenue celle de l'auditoire. Il n'y a plus de distance entre eux de ce point de vue. La grève peut continuer.

Savoir gérer le temps

La gestion du temps est probablement l'une des choses les plus importantes dans le domaine de la prise de parole. Nous avons vu, au chapitre précédent, l'importance du plan, de l'ordre de la parole, dès qu'il s'agit de convaincre. L'efficacité, dans ce domaine, passe souvent par un élément de méthode simple, mais toujours apprécié : l'*annonce du plan.*

~ *Il faut donc annoncer son plan ?*

Oui. On remarquera à ce sujet que les bons orateurs annoncent fréquemment la progression qu'ils vont suivre :

« Je vais développer trois points », « J'ai deux questions à poser », « Il ne faut pas confondre deux choses, la première... la seconde... »

La formule est un peu lourde et souvent inappropriée dans le cas d'une conversation amicale ou informelle, mais elle est bien adaptée à tous les contextes où l'attention de l'auditoire peut être soutenue par l'annonce préalable du plan que l'on va suivre.

Une telle annonce présente de multiples avantages, qui rendent léger et invisible ce qui pourrait autrement apparaître comme trop formel. Elle place la prise de parole sous l'auspice de la carte géographique, c'est-à-dire d'un espace balisé et limité. La parole est un territoire, le plan en est la carte. La parole y perd en capacité d'aventure mais, en l'occurrence, cela permet plutôt d'éviter de se perdre et d'éviter de perdre l'autre.

Cette façon de procéder facilite considérablement la réception de la parole en permettant à l'auditoire de préparer, dans sa mémoire, les lieux où ce qu'on va lui dire peut être placé. Elle libère l'écoute d'avoir à constituer elle-même les repères de la progression. Elle permet de savoir à quoi l'on peut s'attendre, non pas tant du point de vue du contenu, qui peut rester une nouveauté, ou même une surprise, que du cadre à l'intérieur duquel il se déploie.

L'annonce du plan a quelque chose de rassurant dans un contexte où la parole engendre toujours de l'instabilité et de la remise en question. Elle marque aussi le respect de la liberté de l'auditoire, qui n'est pas soumis à un flot sans fin l'emprisonnant dans un espace temporel non maîtrisable.

Celui qui commence à parler sans annoncer les étapes de son discours se comporte ainsi objectivement comme si l'autre était à sa merci. Dire le plan, c'est au fond le proposer, demander à l'autre son accord pour que les points proposés soient traités, même si cette annonce se fait sur le ton de l'affirmation. Le plan contribue à la douceur de l'écoute.

De nombreux conférenciers, annonçant le plan de leur exposé, ajoutent une formule du type « si vous en êtes d'accord » ou « voilà ce que je vous propose ». On n'imagine pas – encore qu'il y ait çà et là des indélicats – que le public, à ce moment, discute et fasse d'autres propositions, mais l'essentiel est fait, la disposition proposée l'est humblement. C'est là une manière de dire que le plan respecte l'auditoire parce qu'il a été fait pour lui.

~ *Est-ce que chaque partie de la prise de parole doit avoir la même durée ?*

Certains orateurs utilisent un subterfuge bénin pour rendre leur parole plus propice à l'écoute. Ayant annoncé par exemple trois parties d'égale importance du point de vue du contenu, dans un exposé oral, ils calibrent chacune de ces parties de telle façon que la première soit plus longue que la seconde, et la seconde plus longue que la dernière. On obtient ainsi une séquence temporelle de type AAA-AA-A (par exemple, 15 minutes-10 minutes-5 minutes).

Cette manière de faire tient compte d'un phénomène naturel de l'écoute : l'affaiblissement progressif de la concentration. Le temps paraît d'autant plus long que l'on est plus fatigué, donc moins concentré. Utiliser une telle séquence temporelle fait apparaître subjectivement chacune des trois parties d'une longueur à peu près égale. L'effort de l'écoute est ainsi mieux réparti.

Un public confronté à une dernière partie plus longue que les autres, alors qu'il n'en a pas été prévenu et anticipait plus ou moins consciemment une certaine durée temporelle, est souvent irrité et perd sa concentration. Combien d'orateurs finissent leur prise de parole dans un brouhaha général, du seul fait de ne pas avoir tenu compte de cette règle-là.

Savoir argumenter, c'est donc d'abord savoir contrôler le flux temporel de sa parole ?

On ne saurait mieux le dire ! Dans de nombreuses institutions de prise de parole, colloques, conférences, réunions, la parole est strictement insérée dans des cadres temporels. Les organisateurs ne craignent rien tant que l'orateur qui prend son temps, déploie longuement son argument, se perd en digressions, enchaîne sur des sujets connexes, occupe le terrain, et oublie que d'autres parlent après lui... Ou encore celui qui suit un texte écrit, envers et contre tout, dont la lecture dépasse largement le cadre temporel imparti. Ces situations sont hélas courantes, par exemple dans les rencontres universitaires.

L'équilibre général du collectif provisoire qu'est une réunion ou un colloque dépend alors de la régulation nécessaire du temps de parole. Aussi fixe-t-on le plus souvent, dans ce genre de circonstances, des bornes temporelles, éventuellement négociées à l'avance.

Cela ne suffit pas toujours, et il faut un président de séance, dont la principale fonction est d'être le gardien du temps. Là encore, le temps est souvent si mal contrôlé par les orateurs que l'accumulation de billets passés plus ou moins discrètement et indiquant « plus que cinq minutes », « plus qu'une minute », « il faut conclure » ou encore « temps dépassé », associée à l'impatience souvent visible des auditeurs, conduit à la déconfiture d'une fin de discours. Mal terminer est aussi dévastateur que mal commencer.

Tout se passe comme si une prise de parole, dans une circonstance donnée, devait se dérouler dans une espèce de temps idéal. Un bon orateur est celui qui dit ce qu'il a à dire exactement dans le temps qu'il faut pour le dire. Sa compétence tient aussi à sa capacité à déterminer la juste longueur qu'il faut pour sa parole. En deçà, l'auditoire est frustré, au-delà, il n'écoute plus, ce qui est la pire chose qui puisse arriver.

∼ ***Tout cela est très bien, mais concrètement comment faire ?***

S'entraîner. S'il y a un conseil que l'on peut donner dans ce domaine, c'est bien celui-là. À chaque fois que l'on doit prendre la parole pour convaincre et que l'on a, bien sûr, le temps de se préparer, il faut s'entraîner *avant* à caler son intervention dans le cadre temporel imparti.

Philippe sait qu'il doit prendre la parole demain pour défendre son point de vue devant une commission. Il s'est renseigné, on lui donnera 15 minutes. Il a bien préparé son exposé, qui comprend une petite entrée, un rappel du cas qu'il doit défendre. Il a prévu trois arguments et une petite phrase de sortie. Un ami lui a conseillé de faire son exposé avant, seul dans son bureau, pour voir comment il se déploie dans le temps. Bien lui en a pris ! Chacun de ses arguments prenait au moins six à sept minutes. S'il avait fait son exposé sans l'avoir su, on l'aurait interrompu à la fin du deuxième argument. Il aurait perdu contenance et n'aurait pas pu développer son troisième point, qu'il avait gardé pour la fin et qu'il estimait décisif.

Philippe a ainsi pu « recalibrer » chacune des parties de son exposé. C'est assez contraignant, mais le temps qui lui est imparti l'est encore plus. Il sait qu'il lui faut deux minutes pour son exorde, trois minutes pour exposer son opinion tout en précisant le contexte, et une minute pour la phrase avec laquelle il termine. Cela ne lui laisse plus que neuf minutes pour ses trois arguments ! Autant le savoir. Il ne lui reste plus, montre en main, qu'à s'efforcer d'être plus synthétique.

Comme son exposé est bien découpé, il peut s'exercer à prononcer, à voix haute, l'une ou l'autre des parties. Ce faisant, il mémorise assez bien ce qu'il a à dire, même s'il lui faut encore écrire des bouts de phrase sur un papier pour s'en souvenir. De plus, Philippe sera très bien préparé du point de vue du contenu et, même si, intérieurement, il est stressé par l'exercice, il sera beaucoup plus à l'aise que dans la situation où *il aurait fait son exposé pour la première fois.*

Et si le temps qui est donné est libre ?

Cela ne veut pas dire qu'il peut parler autant qu'il veut. Il faut tenir compte de l'attention de l'auditoire et, de toute façon, on s'attend toujours à ce que quelqu'un parle un certain volume de temps. L'idéal est d'apprécier ce qui est le plus efficace comme durée pour un exposé en fonction des circonstances. Le principe ici est simple : *ne jamais lasser l'auditoire*. L'idéal est aussi, de la même façon que l'on annonce son plan, d'annoncer le temps exact que prendra l'exposé.

L'effet d'une telle annonce est spectaculaire et garanti. Cela montre plusieurs choses essentielles : que l'on a préparé sérieusement son exposé et donc les arguments n'en sont que plus crédibles, que la prise de parole ne sera pas incontrôlable – les auditeurs pouvant vérifier à tout moment où l'on en est, ils sont plus attentifs et donc plus réceptifs à l'argumentation – et enfin que l'on respecte l'auditoire puisqu'on ne dispose pas de son temps.

Les supports de la prise de parole

Parler, c'est marcher dans le temps, avancer pas à pas jusqu'à ce que la parole aboutisse ou rencontre celle de l'autre. C'est aussi marcher dans sa mémoire, au cœur d'une géographie intérieure qui est plus qu'un simple soutien mnémotechnique. La mémoire, elle aussi, est plan, cartographie, rangement, dédales et souterrains, disposition dans l'espace et dans le temps. C'est pourquoi la rhétorique classique lui accordait tant d'importance.

Le principe est simple : ce que l'on dit, lorsqu'on veut convaincre, doit venir de l'intérieur et s'adresser directement à chacun des membres du public.

~ *Il faut pourtant pouvoir se souvenir ?*

Bien sûr. Aujourd'hui, on n'exige plus des personnes qu'elles parlent sans notes, surtout si ce qu'elles ont à dire est assez long et comporte des éléments factuels. Dans ce domaine, ce qui est totalement à proscrire est la pratique qui consiste à écrire un texte et à le lire devant l'assistance.

Il y a plusieurs raisons à cela. La première est que cela constitue une sorte de message adressé au public : quelle que soit la façon dont vous réagirez à ce que je dis, je ne changerai rien puisque c'est déjà écrit. La seconde est que cela rend votre intervention monotone, voire rapidement monocorde, et que vous consacrez toute votre attention à regarder votre feuille de papier et pas le public. La troisième raison est tout simplement que vous ne pouvez pas adapter ce que vous dites à la façon dont cela est entendu. Si un argument porte tout de suite et que vous le sentez, il est absolument inutile d'en rajouter. Par contre, si vous sentez qu'un autre argument n'a pas la portée que vous souhaitez, il faut peut-être insister.

~ *Il faut donc improviser ?*

Non, il faut avoir un plan très clair et ce plan, lui, doit être mémorisé. À l'intérieur de ce plan, on doit garder toute latitude pour développer ou non certains points, éventuellement trouver des exemples non prévus, bref laisser une place au public, à ses réactions dans ce que l'on dit.

C'est à chacun de trouver la bonne méthode pour y arriver, celle qui lui convient personnellement. Là aussi, il n'y a pas de recette universelle. L'idéal est un système de notes qui n'est pas contraignant mais qui, en même temps, est très bien ordonné, où les points clés du plan sont bien visibles, et où un système de notation, de mots clés, permet de déclencher dans la mémoire le souvenir de ce que l'on a à dire. Dans tous les cas, l'idéal est de passer plus de temps à parler directement aux gens à qui l'on s'adresse qu'à regarder ses notes, qui ne doivent être qu'un outil de soutien.

Et puis, comme cela a déjà été dit, s'entraîner avant à dire ce que l'on a à dire permet de mémoriser les étapes essentielles et de se présenter, le jour dit, bien préparé sur le plan de la mémoire.

L'èthos de l'orateur : avec quoi convainc-t-on vraiment ?

Cette question concentre ici tout le propos et elle peut nous servir de conclusion. Avec quoi convainc-t-on, avec ce que l'on *est* ou avec ce que l'on *dit* ?

Ces deux pôles sont clairement celui de la manipulation et celui de l'argumentation. Convaincre avec ce que l'on est caractérise les démagogues, les populistes, les vendeurs sans scrupule, les séducteurs en tout genre. Ils veulent obtenir de vous ce que vous n'auriez pas donné par les voies habituelles. Dans ce cas, l'orateur est un charmeur, il vous comprend à demi-mot, il vous entoure de son affection, il vous promet le meilleur, il vous berce, vous touche et vous endort. Mais tout cela n'a qu'un but, convaincre à tout prix, arracher un assentiment... que vous regretterez.

Tous les conseils donnés dans ce livre s'articulent autour d'une seule idée : c'est avec ce que l'on dit, quand c'est dit honnêtement, que l'on peut convaincre efficacement, dans le respect de l'autre et de soi-même.

~ ***Cela signifie-t-il que la personne de celui qui parle n'a aucune importance ? Qu'il est un vecteur neutre, impersonnel de la parole qu'il porte ?***

Certainement pas. L'orateur classique est celui qui témoigne d'une vertu probablement essentielle en argumentation : l'honnêteté. On admet plus facilement ce que quelqu'un nous dit quand on sait qu'il est honnête.

~ *Que veut dire honnête dans ce cas ?*

Honnête veut tout simplement dire qu'on ne cherchera pas à ruser, à tromper l'autre, à le séduire ou à lui servir des arguments fallacieux ou truqués. Cela veut dire aussi que si l'on n'arrive pas à convaincre, on y renoncera car, après tout, chacun a bien le droit de garder son opinion.

~ *Mais est-ce qu'on ne doit pas aussi croire fermement à ce que l'on dit, n'est-on pas le plus convaincant quand on a l'air soi-même très convaincu ?*

Cette idée est effectivement très répandue. Elle paraît frappée au coin du bon sens. Bien sûr, il faut être convaincu mais en même temps, et très curieusement, on n'est jamais aussi convaincant que quand on laisse une place au doute, à la possibilité que l'autre ait raison. C'est tout le mystère de l'argumentation, on doit consacrer toute sa fougue, son énergie, sa créativité pour convaincre, et en même temps dire à l'autre qu'il est libre d'adhérer à l'opinion qu'on lui propose et qu'après tout son point de vue peut lui aussi être légitime.

Il peut être paradoxal de terminer un livre consacré à déployer toutes les techniques que l'on peut employer pour convaincre en soulignant ce point essentiel : *que l'on n'y arrive pas toujours est plutôt une bonne nouvelle*. Prétendre autre chose ne serait pas honnête.

Lexique des principaux termes techniques utilisés

Accord préalable (ou point d'appui) • Dans le domaine de la communication argumentative*, certains éléments déjà admis par l'auditoire* constituent un point d'appui pour la construction des arguments par l'orateur*. Un accord préalable est alors obtenu. • Argumenter consiste alors à transférer cet accord préalable vers l'opinion* que l'on veut défendre et ainsi la rendre acceptable. • Dans l'argument analogique* par exemple, le terme extérieur (le « phore ») que l'on rapporte à l'opinon* doit déjà faire l'objet d'un accord préalable : soutenir, comme Aristote, qu'il ne faut pas plus tirer au sort les jurés des tribunaux qu'on ne le fait lorsqu'il s'agit d'équipes sportives implique un accord préalable sur cette dernière proposition.

Action • Quatrième et dernière étape de la mise en œuvre du discours argumentatif. • Elle consiste en une anticipation de la situation concrète d'argumentation afin de s'y préparer et éventuellement d'intervenir sur des éléments matériels (placement des personnes, problème de transport de la voix, etc.).

Analogique (argument <) • Une des quatre familles d'arguments*. • Il consiste à associer, à comparer ou à mettre en rapport un élément extérieur (le « phore ») sur lequel un accord préalable* est supposé obtenu avec l'opinion* proposée et à la rendre ainsi acceptable. • Par exemple, pour défendre l'opinion selon laquelle les conséquences du sida en Afrique sont catastrophiques, on parlera de « seconde traite » en faisant référence aux conséquences catastrophiques de l'esclavage. • L'exemple, la comparaison, l'analogie, la métaphore appartiennent à la famille des arguments analogiques.

Argument • Terme désignant soit la forme dans laquelle l'opinion* va être « moulée », soit l'ensemble constitué par la forme et l'opinion*. Dans le premier cas, le terme sert à désigner les différents types de formes utilisées en argumentation : argument d'autorité, par exemple. Dans le second cas, le terme sert à désigner un énoncé complet. On dira par exemple qu'un orateur* a utilisé un « bon argument » dans le débat. • On distingue, d'un point de vue typologique, quatre familles d'arguments : les arguments d'autorité*, les arguments de cadrage*, les arguments analogiques*, les arguments s'appuyant sur des présupposés communs*.

Auditoire • Nom donné, dans une situation de communication argumentative*, au(x) récepteurs(s) du message, c'est-à-dire aux personnes que l'on veut convaincre.

Autorité (argument d' <) • Une des quatre familles d'arguments* • Il consiste à montrer que l'opinion* que l'on veut défendre est déjà défendue, ou correspond aux idées d'une autorité reconnue par l'auditoire*. • On s'appuie ainsi sur l'autorité de l'expérience, du témoignage, de la compétence. Une forme inversée de l'argument d'autorité consiste à associer une autorité négative pour critiquer une opinion : « Hitler le disait aussi. »

Cadrage (argument de <) • Une des quatre familles d'arguments*. • Le cadrage consiste en une modalité de présentation de l'opinion* telle qu'elle est susceptible de rencontrer ou de provoquer un accord de l'auditoire* : par exemple, insister sur certains aspects favorables à l'opinion et en minorer certains autres qui pourraient avoir un effet contraire constituent un cadrage. • La description* orientée, la définition argumentative, la qualification, la dissociation et l'association constituent des arguments de cadrage. • « Ce n'est pas tous les jours que des garçons comme nous ont l'occasion de faire un travail aussi responsable », dit Tom Sawyer à ses camarades qui le raillent de devoir, sous le coup d'une punition, repeindre la clôture.

Communication • Transport d'un message d'un émetteur vers un récepteur *via* un canal. • La communication se décline suivant trois registres complémentaires : on parle de communication expressive*, argumentative*, ou informative*. • L'analyse de la communication renvoie toujours à l'analyse d'une « situation de communication » globale.

Communication argumentative • Un des trois registres de la communication*. • L'objectif de la communication argumentative est de convaincre un auditoire* de partager l'opinion* d'un orateur* • Elle s'appuie sur les techniques qui transforment une opinion en argument et qui la transportent ainsi vers l'auditoire. • Par exemple, insister sur l'« enfance malheureuse » d'un accusé peut aider, si tel est le cas, à diminuer sa responsabilité aux yeux des juges. • Hommes politiques, avocats, professionnels de la communication, vendeurs utilisent massivement ces techniques.

Communication expressive • Un des trois registres de la communication*. • Elle permet d'exprimer ce que l'on ressent ou ce que l'on voit de façon singulière. • Elle s'appuie sur les techniques du récit et sur un certain nombre de figures pour donner accès au réel exprimé, comme par exemple la métaphore (pour exprimer le déclin de la vieillesse, on peut employer la suivante : le « soir de la vie »). Poètes, écrivains, auteurs, artistes, mais aussi chacun d'entre nous, utilisent les ressources de l'expression.

Communication informative • Un des trois registres de la communication*. • Son objectif est de décrire le plus objectivement possible un fait, un événement, une opinion* dont on a été le témoin. • Par exemple, dire : « Il y a trois arbres dans la cour, dont le feuillage est vert » suppose qu'un autre témoin, observateur de la même scène, dirait la même chose. • La communication informative s'appuie essentiellement sur des descriptions*. • Elle constitue la base du travail journalistique.

Confirmation • Partie du plan argumentatif. • Elle vient après l'exorde* et l'exposé des faits*. • Elle « confirme » l'opinion* proposée et consiste donc en l'énoncé des différents arguments*, suivant un certain ordre, en fonction d'une situation de communication* donnée.

Description • Modèle réduit, hiérarchisé et représentatif de la partie du réel que l'on veut décrire. • Une description suppose généralement une liste d'éléments composant le réel. • Par exemple : « L'avion est arrivé à 13 h 15 en provenance de l'ouest. Il s'est posé à faible vitesse sur la piste. Une fois l'appareil immobilisé, les passagers sont sortis par l'échelle de coupée à l'arrière, ils étaient 52, le soleil brillait sur le tarmac, etc. » constitue une description. • La description constitue la figure essentielle de la communication informative*, mais il y a également des descriptions orientées dans les arguments de cadrage* et des descriptions « littéraires » dans le champ de la communication expressive*.

Disposition • Troisième étape de la mise en œuvre du discours argumentatif. • Moment où l'on choisit le meilleur plan argumentatif * et l'ordre des arguments (confirmation*).

Élocution • Deuxième étape de la mise en œuvre du discours argumentatif. • Moment où l'on choisit les termes et les figures que l'on va utiliser. • L'élocution concerne la mise en langage du discours.

Exorde • Partie du plan argumentatif*. • Désigne la première partie du discours. Il sert à capter l'attention de l'auditoire* et à le rendre bienveillant, avant même de commencer à exposer les faits et de les discuter. • L'exorde peut aussi servir à annoncer le plan que l'on va suivre. • Exemple : « Mes amis ! Au secours ! » sont les premiers mots par lesquels l'abbé Pierre s'adresse au public de *Radio-Luxembourg*, le 1er février 1954, avant de l'exhorter à aider les sans-abri de Paris en créant les Compagnons d'Emmaüs. Le général de Gaulle capte l'attention des auditeurs de la *BBC*, le 6 juin 1944, en commençant son discours par les mots suivants : « La bataille suprême est engagée. »

Exposé des faits • Partie du plan argumentatif* qui sert à exposer le contexte et parfois à annoncer le contenu ou le plan de la confirmation*. • Souvent l'exposé des faits, sous la forme d'une description*, est déjà orienté en vue de l'argumentation.

Invention (des arguments) • Première étape de la mise en œuvre du discours argumentatif. • Moment où l'on choisit l'« angle d'approche », en fonction de la composition et la nature de l'auditoire* et des accords préalables* sur lesquels on va s'appuyer, où l'on cherche les meilleurs arguments* dans lesquels couler l'opinion*, où l'on réfléchit aussi à la façon de se présenter et au style que l'on va adopter.

Manipulation • Technique pour convaincre un auditoire* sans argumenter. • La manipulation prive l'auditoire de sa liberté de choix. • On distingue la manipulation cognitive, qui est un trucage de l'argument*, et la manipulation des affects, qui est un conditionnement psychologique de la relation entre l'orateur* et l'auditoire*. • Associer dans un même ensemble « les étrangers, le chômage, le sida » constitue un amalgame manipulateur, tendant à faire exister un lien de causalité sans fournir aucun argument à l'appui.

Mémorisation • Elle consiste à choisir le support le plus adéquat pour conserver les différents éléments composant ce discours. • L'argumentation orale s'appuie sur une intériorisation spécifique de ces éléments, dans l'ordre que prévoit la disposition*, pouvant faire appel aux procédés de « mémoire artificielle ». • Elle peut s'appuyer également sur un système de notes appropriées.

Opinion • Point de vue, thèse, cause ou représentation défendu par un orateur*. • Les opinions, dans le champ de l'argumentation, appartiennent soit au domaine du judiciaire, soit au domaine du politique (au sens large), soit au « débat de société », ou encore sont liées à toute représentation ou tout produit que l'on veut promouvoir. • Pour être transportée vers l'auditoire*, l'opinion est mise en arguments*.

Orateur • Nom donné à l'émetteur d'un message dans une situation de communication argumentative*.

Péroraison • Partie du plan argumentatif*. • Désigne la dernière partie du discours. Elle est utilisée par l'orateur* pour produire une impression décisive, en vue d'emporter la conviction de l'auditoire*. Elle rafraîchit la mémoire de l'auditoire et résume en figures frappantes les raisons d'adhérer à l'opinion*. La péroraison peut également faire appel, dans le même but, aux sentiments et aux passions. Une des figures clés, dans ce cas, sera l'amplification. • Exemple : le général de Gaulle termine son discours à la *BBC*, le 6 juin 1944, par l'énoncé suivant : « Derrière le nuage si lourd de notre sang et de nos larmes voici que reparaît le soleil de notre grandeur. »

Plan argumentatif • La rhétorique classique distinguait quatre parties pour un discours argumentatif : l'exorde*, la *narratio* ou exposé des faits*, la *confirmatio* (confirmation*) ou énoncé des arguments, la péroraison*. • Aujourd'hui encore, la plupart des discours argumentatifs suivent ce plan.

Présupposés communs (argument s'appuyant sur des <) • Une des quatre familles d'arguments*. • Ils consistent à montrer qu'une opinion proposée est cohérente avec une valeur, une croyance, ou un lieu commun déjà accepté(e) par l'auditoire*. • Si celui-ci croit à l'égalité, on pourra y appuyer l'opinion* selon laquelle, à travail égal, « les salaires devraient être les mêmes pour les hommes que pour les femmes ». • « Qui vole un œuf vole un bœuf » peut servir d'appui pour souligner la gravité potentielle de l'acte de tel voleur.

Rhétorique • Nom donné, notamment dans l'Antiquité, à l'« art de convaincre ». Les premiers « professeurs » de rhétorique sont Corax, Gorgias, Isocrate, puis Aristote, Cicéron et Quintilien.

Table

Introduction 5

1 **Qu'est-ce que convaincre ?** 9

Provoquer un changement 10
Convaincre sans ruse ni violence 12
Argumenter n'est pas une performance oratoire 14
Ni informer ni exprimer, mais... argumenter 17
On convainc d'une opinion 19
Convaincre : une compétence démocratique 22

2 **Refuser la manipulation** 25

Une technique vraiment efficace ? 26
Caractéristiques de la manipulation 29
Trois bonnes raisons de renoncer 33

3 **Comment se préparer à argumenter ?** 39

Les croyances qui font obstacle 39

Le protocole de préparation 42

4 **L'invention. Connaître l'auditoire, inventer un angle, trouver un point d'appui** 47

La nécessité de savoir à qui l'on s'adresse 47

Comment choisir un angle d'approche ? 51

Se ménager un point d'appui 55

Une stratégie manipulatrice ? 59

5 **L'élocution. Trouver des arguments** 63

Mettre en argument 64

Les familles d'arguments 67

La manipulation par amalgame 96

6 **La disposition. Savoir faire un plan** 101

Des constructions inadaptées 102

Le plan argumentatif, un instrument efficace 104

7 **L'action. Savoir prendre la parole** 127

L'espace de la parole 130

Contrôler l'intonation 132

Savoir gérer le temps 136

Les supports de la prise de parole 141

L'èthos de l'orateur : avec quoi convainc-t-on vraiment ? 143

Lexique des principaux termes techniques utilisés 145

FIRMIN DIDOT
GROUPE CPI

Composition Facompo, Lisieux
Achevé d'imprimer en décembre 2007
par Firmin-Didot à Mesnil-sur-l'Estrée
Dépôt légal : janvier 2008
Numéro d'impression : 88144
Imprimé en France